U0605197

思维已死，
导图重生

# 思维导图

快速提升学习力的
75 个基本

石伟华　著

中国纺织出版社有限公司

# 内 容 提 要

这是一本不走寻常路的思维导图书！翻开这本书，你可以跟随思思老师进行一场为期7天的思维导图学习之旅。不必担心会掉队，因为和你一起"上课"的还有调皮的图图和睿智的维维，只要你在阅读的过程中开动思维，也勤动手实践，一定能在课程结束后收获满满。你会学到发散思维、归纳总结思维，学会绘制思维导图，还能利用思维导图记笔记、做策划，甚至用思维导图的思维来写作文和快速阅读！不过，可不要忘了，学习思维导图不是为了图，而是为了思维。如果你还不明白这句话是什么意思，就赶快翻开这本书去探寻答案吧！

## 图书在版编目（CIP）数据

思维导图：快速提升学习力的75个基本 / 石伟华著．--北京：中国纺织出版社有限公司，2022.4
ISBN 978-7-5180-2560-2

Ⅰ．①思… Ⅱ．①石… Ⅲ．①学习方法 Ⅳ.①G442

中国版本图书馆CIP数据核字（2021）第279569号

责任编辑：郝珊珊　　责任校对：高　涵　　责任印制：储志伟

中国纺织出版社有限公司出版发行
地址：北京市朝阳区百子湾东里A407号楼　邮政编码：100124
销售电话：010—67004422　传真：010—87155801
http://www.c-textilep.com
中国纺织出版社天猫旗舰店
官方微博 http://weibo.com/2119887771
北京通天印刷有限责任公司印刷　各地新华书店经销
2022年4月第1版第1次印刷
开本：710×1000　1/16　印张：12.5
字数：148千字　定价：49.80元

凡购本书，如有缺页、倒页、脱页，由本社图书营销中心调换

# 序

　　"思维导图"作为一种提高学习效率的工具，已经流行了好多年了。每次当我看到非常漂亮的思维导图时，我都有种喜忧参半的感觉。

　　喜，是因为人家画得确实漂亮，看着真的赏心悦目！

　　忧，是因为画得这么漂亮，但思维模式真的改变了吗？

　　这或许永远是一个悖论。

　　思维模式的改变是不能以任何书画的形式展示给别人的，只存在于自己的大脑中，而且只有思考问题的时候才会起作用。而能够拿出来告诉别人证明我真的学过而且会用思维导图，也只能画在纸上。而对于没有学过思维导图的看客而言，漂亮与否也顺理成章地成了判断好坏的唯一标准。

　　对于很多想学思维导图却不知道如何选择的朋友来说，到底应该从哪些方面学习思维导图呢？应该先学什么？后学什么？重点学什么？

　　我在思维导图书籍《七天学会思维导图》中，用师生对话的方式对思维导图的功能、用法、训练过程、实际应用等知识点和技巧进行了详细的说明。后经读者反映，虽然阅读起来轻松愉快，自然流畅，但对知识框架的梳理明显不够，不便于后期对思维导图的知识进行归纳、整理、总结。

　　于是在本书中，我重新梳理和规划了知识点，并对原文中的人物角色进行了重新分配，本着更适合成人学习阅读的角度进行了删减和修正，并最终归纳总结出了75个与思维导图的学习有关系的知识点，方便读者朋友们学习和参考。

　　这75个知识点涉及思维导图的基础知识、思维方式、画图规则、实际应用、阅读写作等几个大的方向。这些方法和技巧对提升学习能力、思维能力、解决问题能力、快速阅读能力、高效写作能力都有很大的帮助。

　　我个人也在这些方法的帮助下，阅读能力和写作能力有了很大的提高。不到6年时间，我已经出版了近20本专著，培训学员近万名，帮助很多朋友实现了自己考研、考职业资格证的梦想。

这些都得益于思维导图的帮助。我也希望更多的人能够通过此书，了解和掌握真正的思维导图，并能从思维导图这个神奇的大脑思考工具中受益。

最后，借此书再版之际，感谢广大读者朋友们的厚爱。尽管我已经反复斟酌、认真修复，但由于本人水平所限，难免在书中出现错误和不当之处，敬请诸位前辈、专家、学者和读者朋友们批评指正。〔微信（QQ 同号）：297094257。〕

我会更加努力，写出更多的好书，以谢天下。

2021.08.08

# 目录 CONTENTS

作者按：开始学习一本书的知识其实和开始一堂课一样，都要花一点点时间来调整一下自己的状态。什么是状态？就是你的专注力是不是在书上，你周边的环境是不是会经常打扰到你？你是认真地按书的要求学习加练习，还是随意地翻过？

你在看书学习的时候，是不是手机就放在旁边，每有留言提示音你都会拿起手机看一眼，以至于你的看书过程被无数次地打断。你看书是不是非常的随意，根本没有计划每天学习多少内容、多久学完，而是想起来就翻几页，没空了就扔一边。你是不是只挑着自己认为的重点和感兴趣的内容翻看一下，而把作者反复强调要亲自去练习和体验的环节全部都轻易地跳过。

如果你有，那就请你从现在开始，跟随着我帮大家虚构出来的培训现场，想象自己就坐在一个培训教室里，台上是正在激情飞扬地讲课的老师，身边是正在全神贯注听课的同学。没有手机的打扰，没有舒服的葛尤躺，没有你想干什么就干什么、想看哪就看哪的自由，只有跟随着老师的思绪，一直向前、向前、向前。

如果你已经做好准备了，那我们就请这次开学典礼的主持人隆重登场。


**开场**
音乐起，主持人上场。


**主持人：**大家好，我是"魔法思维"课程的助教老师，我代表"魔法思维"的全体家人欢迎各位的到来。接下来的7天时间，我会一直陪伴大家一起学习，共同成长，希望大家能喜欢我，谢谢大家。

掌声……

**主持人**：为了保证我们的学习效果，请大家配合我做好以下几件事。一是请各位把手机静音或者调到振动状态，上课期间绝对禁止网聊或者刷手机。二是请大家遵守我们的上课时间，不要迟到早退。三是大家要积极参与我们的所有活动，保证我们7天的时间学有所成。请问大家能做到吗?

**众人**：能……

**主持人**：那好，现在就请大家掏出手机，将手机静音或者调到振动模式，然后装进你的口袋或者放到桌面以下。（20秒钟以后）谢谢大家的配合，接下来我将为大家隆重介绍本次思维导图课程的主讲——李思思老师。

掌声。屏幕上出现李思思老师的大幅照片和文字介绍。

**主持人**：（李思思老师的相关介绍），现在让我们用最最热烈的掌声请出李思思老师为大家上课。

……

# 认识一下
# 思维导图

　　**思思**：谢谢大家的掌声。我想今天坐在这里的每一个人，都是带着很多的问题来的，也是抱着很大的希望来的，更是对我们的这次思维导图的课程带着很多的期待来的。不管大家是期待也好、疑惑也罢，接下来的7天时间，我都将带领大家一点点地揭开思维导图的神秘面纱，让大家能够系统地、全面地、真实地了解思维导图。不过接下来有两个消息：一个好消息，一个坏消息。大家愿意先听哪一个？

　　**图图**：坏消息、坏消息。

　　**维维**：我想先听好消息。

　　**思思**：那好，我现在把这两个消息合并成一个不好不坏的消息。那就是：思维导图可以帮你解决任何问题，却不能帮你解决任何一个具体的问题。

　　**图图**：老师你是在说绕口令吗？我怎么听不懂啊？！

　　**思思**：我慢慢来解释。我先问一下大家，谁能告诉我思维导图到底是什么？


## 什么是思维导图

　　**图图**：思维导图就是一张画，然后在上面写上一些字。

　　**维维**：思维导图就是把很多杂乱的信息整理到一张图上。

　　……

　　**思思**：大家说的都对，也都不对。说对，是因为大家都说到了思维导图的一部分，说不对，是因为大家都没有说到思维导图的重点。那思维导图到底是什么呢？简单地讲：

## 思维导图

是一种工具；

是一种帮助我们思考的工具；

是一种能够帮助我们思考的图形化工具；

是一种能够帮助我们全方位思考的图形工具。

**图图：** 老师，为什么思考还需要工具呢？我们自己用大脑思考不就可以了吗？

**思思：** 这个问题问得好。我们从很小的时候就会思考很多问题，甚至说我们的大脑每一秒钟都会产生几百个甚至几万个想法。虽然其中的很多想法我们本身根本感觉不到，但是据科学家统计，我们人类的大脑每秒钟产生的信息量高达几十个GB。

**图图：** 哇！一秒钟就这么多？！我的手机才16G。

**思思：** 是啊，如果要把大脑产生的信息装进你的手机，那一秒钟就装满了。

众人笑。

**思思：** 我们的大脑每天都要产生这么多的想法。有些可能是老天赐给我们的灵感，有些可能是至关重要的数据资料。在我们想要思考一个问题的时候，可能围绕这个问题会产生很多乱七八糟的想法，到底这些想法哪些有用，哪些没用？当我们遇到某个问题想啊想，想得感觉头都快要爆炸了的时候，谁能帮我们？

**图图：** 我要遇到不会的问题，我就问老师，或者问我爸爸。

众人笑。

**思思：** 这个办法也不错，但是有些问题可能老师和爸爸也帮不了你。比如老师出了个让你很头疼的作文题目，你根本不知道如何下笔。期中考试后，老师让每个同学自己回家总结这次考试的经验和教训，这个老师和爸爸

也帮不了你啊?

图图若有所思地点点头。

**思思:** 这时候,如果你会思维导图,它就能帮你把这些复杂的问题解决了。所以,思维导图就像我们大脑的使用说明书,也像是指引我们思考方向的一张地图。思维导图的英文名称是"Mind Map",它就像地图一样,能够清晰地指引我们的大脑朝着目标的方向去思考。

**维维:** 老师,为什么还要有个英文名字啊?思维导图是英国人发明的吗?

**思思:** 你说得太对了,思维导图就是英国人发明的。严格地讲,也不是英国人发明的,只是这个英国人把这种方法定义了一个名字叫"思维导图"。

**图图:** 老师,是不是牛顿发明的?

**思思:** 哈哈,那肯定不是了。牛顿都离开这个世界快300年了,但是思维导图提出的时间还不到100年呢!

**维维:** 哇!原来思维导图的历史这么短啊,我以为这是个有好几百年历史的事物呢!

**思思:** 是的,思维导图是近些年才被定义的一个新鲜名词。不知道大家有没有听说过"世界脑力锦标赛"?

**图图:** 我知道!我知道!就是只有记忆大师们才能参加的比赛。

**思思:** 哈哈,不是只有记忆大师才能参加的比赛。你也可以参加啊!这个比赛产生了好多记忆大师!

**图图:** 老师,小孩子也能参加吗?

**思思:** 当然可以,因为有专门为小孩子设置的少年组的比赛。

**图图:** 老师,怎么参加?我想参加!

**思思:** 好。这个问题我们课下再讨论,因为这和我们今天要讲的内容关系不大。我们要讲的是这个"世界脑力锦标赛"的发起者和思维导图的发明者是同一个人。他的名字叫"东尼·博赞"。

维维：我看好多地方翻译成"东尼·布赞"。

思思：是的，他的英文原名叫"Tony Buzan"，虽然翻译不一样，但都是一个人。现在我们来简单看一下Tony Buzan的一些资料介绍。

## 阅读材料

（以下内容来源于网络搜索，仅供大家阅读参考）

### 东尼·博赞（Tony Buzan）简介

东尼·博赞，1942年生于英国伦敦，英国大脑基金会总裁，世界著名心理学家、教育学家。他曾因帮助查尔斯王子提高记忆力而被誉为英国的"记忆力之父"。他发明的"思维导图"这一简单易学的思维工具正被全世界2.5亿人使用。业内人士皆尊称他为"大脑先生"。

世界记忆力锦标赛（World Memory Championships）是由"世界记忆之父"东尼·博赞于1991年发起，由世界记忆力运动委员会（WMSC）组织的世界最高级别的记忆力赛事。

他是一个教育家、演讲家、大学讲师、咨询导师、政治顾问、运动员、教练员及媒体形象工作者。

将博赞聘请为客座讲师的大学有：牛津大学、剑桥大学、哈佛大学、加利福尼亚大学伯克利分校、斯坦福大学、英国哥伦比亚大学、伦敦大学、苏塞克斯大学、沃里克大学、曼彻斯特大学、杜伦大学、利物浦大学、都柏林三一学院、都柏林大学、爱丁堡大学、斯特拉斯克莱德大学、格拉斯哥大学、加的夫大学、西澳大利亚大学。

代表作有：《思维导图》《超级记忆》《启动大脑》《博赞学习技巧》《快速阅读》等。

### 东尼·博赞：我为什么发明思维导图？

我为什么发明思维导图？记得我刚上一年级，唯一的爱好就是自然，还有一个和我一样热爱自然的好朋友。我们喜欢各种动物和植物，我家就成了一个小小的动物园。

那时我在1A班，1A班是聪明的孩子。而我的朋友分在了1D班。我从来没考过第一名或第二名。某天，老师出了一些特别无聊的题：回答出英国河流里2种鱼的名字；昆虫和蜘蛛有什么区别；飞蛾和蝴蝶有什么区别。卷子发下来，我的卷子上写着"100分""很棒""最高分"的字眼。看着卷子，我期望别人说："真是个天才！你是怎么记得这些的？"我可以说出英国河流里15种鱼的名字，我也可以说出昆虫和蜘蛛的15个区别，蝴蝶和飞蛾的15个区别。

我得了第一名，感觉非常好，可我脑海中突然闪过一个念头，一个改变了我人生的念头，一个让我发明了思维导图的念头。

这个念头就是：我最好的朋友考得怎样？谁对自然了解得更多？我？还是我的朋友？当然是他。他应该坐在我这里，而不是我。他非常聪明，他能识别动物的飞行状态，鸟、蝴蝶、飞蛾等从地面飞起来后的状态，通过它们的飞行模式就能认出那是什么。所以，我心生疑

问：谁说谁聪明？谁有权
利说谁聪明，谁不聪明？
什么是聪明？于是，我一
生对大脑和智慧的探索从
这里开始了。这也是最终

引导我发明思维导图的因素。

我上学时一直做笔记，是个"很会做笔记的人"。我会用画着线条的纸、很好的笔，工工整整地写满小小的字母。这种习惯一直保持到了大学，可我的分数在不断下降。我觉得是哪里出了问题，于是去了图书馆，问有没有讲述如何应用大脑的图书，管理员说医学类书籍在那边。我说我不是要给大脑做手术，而是如何应用大脑。对方说，很显然这里没有。我兴致更高了，做了更多的笔记，写了更多的字，画了更多的线，用了更多的纸张。但我的分数一直在下降。

我无法理解。于是我开始研究天才人物的大脑，像达芬奇、达尔文、伊丽莎白一世、毕加索等。我发现，他们都爱用图形、涂鸦，做的笔记都是"乱糟糟的"，而我的却是很工整的。于是我开始研究自己记笔记的方式。我想你也和我一样，当考试临近，会慌张地寻找笔记中的关键点和重点，并把它们写在小小的记忆卡上。我发现，记忆卡上的东西，只占了全部笔记内容量的10%。我想，是不是自己把90%的时间都浪费在记笔记上了呢？然后又浪费了90%的时间再次阅读这些信息，之后又浪费了更多的时间思索所记下内容的意义，而记忆卡上的关键词记忆起来则更加容易。我又发现，记忆卡上的关键词有不同的等级。有关键词、关键的关键词和关键的关键词的关键。

于是，我把重要的信息进一步扩展、丰富。我开始使用色彩，帮我做编码、组织、架构、凸显重点、记忆和创造。慢慢地，我的笔记变了。我意识到，需要将关键词之间建立起关联。我开始使用线条、箭头，用小的形状、色彩来做编码，把笔记的各部分内容交叉连接。

俗话说，一张图片抵得上1000个字。我对此进行了思考。一张图片包含着有关记忆、学习、创造以及全部思维与认知的1000个词语。于是，我开始加入图片。慢慢地，我的面前出现了一幅地图，这是我大脑思维外化之后呈现于纸上的东西。我长吁一口气：啊！这才是我的语言！思维导图就是我用我的大脑语言同大脑进行的对话。

这个语言就是：图像想象、编码、关联以及方位布局。思维导图就这样产生了。

我非常开心，因为它能帮我做想做的一切。帮我解决问题、集中注意力、做游戏，我还可以对其美化，用它来解决需要集中注意力的问题。我想做的任何事情，思维导图都能帮我做，帮我研究、帮我学习、帮我备考、帮我写每一本书。

1973年，BBC 发现了我所做的事情，对我说：年轻人，我们想请你做一档半小时的节目。于是我们开了个会，我把这个半小时的节目用思维导图给做了出来。会后我走出门口，他说，你能写本有关它的书吗？ 1974年4月，一本名叫《运用你的大脑》的书，还有BBC的节目《运用你的大脑》就问世了，节目一直播出了15年，每年都重播。

思维导图就是这样产生的，而且，如果您愿意的话，还可以向世界各地传播。

## 思维导图有什么用

**思思**：看完了博赞的故事，那么我现在想问问大家。思维导图有什么用？

沉默。

**思思**：哪位同学愿意起来回答一下？

图图举起了手。思思老师把目光转向图图的时候，图图同学又突然把手放了下去。

**思思**：图图同学，为什么举起手又放下呢？

**图图**：我不会，所以就放下了。

**思思**：那刚才为什么举手呢？

**图图**：刚才会，现在又不会了。

众人笑。

**思思**：那你就起来说一下吧，你觉得思维导图有什么用？

**图图**：老师你别提问我，这个问题我不会。

**思思**：没关系，你想想我刚才讲了些什么，你又听到了些什么，然后答案就出来了。

**图图**：思维导图可以用来当工具用。

**思思**：不错。但不够具体，你能说得再具体点吗？

**图图**：思维导图可以帮助我们的大脑思考。

**思思**：非常好。思维导图最大的作用就是帮助我们的大脑思考。请坐下。那好，我现在再来问第二个问题：什么样的事情算是我们大脑的思考呢？

教室里没有人回答。

**思思**：那好，我换一个说法。下列哪些算是我们大脑的思考呢？

---

1. 我为什么这么帅？

2. 我怎么样才能成为一个像记忆大师一样的牛人？

3. 我明天早上别忘了给小明送书。

4. 思维导图有什么用?

5. 什么样的事情算是我们大脑的思考?

6. 坏了,我忘记交作业了。

7. 今天的天气真好!

8. 我能学会思维导图吗?

---

**思思:** 好了。这8条,大家来看一下,哪些是属于大脑的思考? 哪些不属于大脑的思考? 如果大家有不确认的,可以相互讨论一下。

大家自由讨论2分钟。

**思思:** 好了,现在哪位同学来说一说,上面的8条中哪些属于大脑的思考呢? 哇,这么多人举手,看来大家都知道答案了。太好了,那我们就来找个没举手的同学来回答吧!

大家笑……

**图图:** 老师,我觉得 7 和 8 不属于思考。

**维维:** 我觉得 3 、6 、7 都不属于思考,但是 8 不太确定。

……

**思思:** 大家回答得很好。关于什么是思考,我们在后面的课程中还会有专门的讲解,这里简单地给大家说一下 5W2H。

**图图:** 老师,你说的是什么?

**思思:** 所谓 5W2H,就是"什么时间? 什么地点? 什么人? 为什么? 做什么? 多少? 怎么办? "这7个问题。

**图图:** 老师我听着好晕啊!

**思思:** 没关系。我说得再简单点,思考的问题必须是疑问句。虽然这个说法不太规范,但是可以作为一个简单的参考。好了,有了这个不标准的标准,大家来重新看看刚才的几个问题吧!

# 为什么要用思维导图

**思思：**可能大家都有一个疑问。我们从小到大思考过无数个问题，我们每天都在思考很多很多的问题，可是我们没用思维导图，一样不影响我们大脑的思考啊？那我们思考的时候，为什么非要用思维导图呢？不知道哪位同学能说说自己的观点？

思思环视教室一周，没有人给出任何响应。

**思思：**大家想想有没有遇到过这样的问题：一个很难的题目，感觉一点头绪也没有，不知从何入手。或是一个复杂事件涉及的头绪太多，脑子里乱作一团，不知道哪里是重点。又或者一个很奇怪的作文题目，根本不知道能写什么，怎么写？大家有没有遇到过类似这样的问题？

**众人：**有。

**思思：**大家都遇到过什么样的问题？

**图图：**我遇到过很多不会写的作文题。

**思思：**那你怎么办？最后是怎么写出来的？

**图图：**如果是在家做作业，就到网上去找找灵感。如果是考试，就胡编乱写。

众人笑。

**思思：**大家不要觉得可笑。我们总会遇到不会写的作文题目，虽然成人没有考试要求和批改分数，但面对难以下手的策划方案、总结、计划等文案材料也是常态。很多问题即使上网也找不到合适的答案。在这种情况下就到了思维导图出来大显身手的时候了。

**图图：**思维导图怎么能帮我写作文呢？我还是不明白。

**思思：**不明白就对了，因为我们还没开始学习思维导图的用法呢！我们现在需要明白的是：思维导图是一个可以帮助思考问题的工具。特别是遇到这种既复杂又没有头绪的问题时，一定要学会用思维导图整理思路，协助

思考。

**维维**：老师，你会教我们如何用思维导图写作吗？

**思思**：我不会直接教你们如何写作文，但我会教你们在不知道写什么或者不知道怎么写的情况下用思维导图快速地完成一篇好的作文。我不仅会教你们如何应用思维导图写作文，还会教你们用思维导图去做更多更复杂的事情。

**图图**：哇！老师你可别吹牛啊！

**思思**：只要你们认真学，我就没有吹牛。

## 思维导图的几大功能

**思思**：简单地讲，思维导图有以下功能：明确方向、把握全局、厘清关系。

**思思**：我们不管思考什么问题，如果眼前有一张图或者脑海中有一张图，明确地指明思考的方向，就会在思考的过程中不至于跑偏，并集中在最关键的问题上。这就是明确方向。

**思思**：在思考的每个环节，都应该考虑到它对中心问题的影响，更好地把握全局的观念，从而思考得更有整体性、主次分明。这就是把握全局。

**思思**：每一个环节与其他环节之间，是否存在千丝万缕的联系，它们之间会不会相互影响和制约，会不会有主次关系、时间先后关系、空间关系、因果关系等。这就是厘清关系。

**图图**：老师你讲的是什么？我都听不懂！

**思思**：听不懂没关系，等到后面我们讲到一些例题应用的时候，你就懂了。现在你只需要记住思维导图可以帮我们做到3点。这3点是什么还记得吗？

众人没有反应。

**思思**：我前面刚说完，12个字。

**众人：** 明确方向、把握全局、厘清关系。

# 知识点总结

1. 什么是思维导图？

答：思维导图是一种帮助大脑进行全方位思考的思维化工具。

2. 思维导图有哪几大功能？

答：明确方向、把握全局、厘清关系。

3. 思维导图起源于哪里？

答：起源于英国，发起人是东尼·博赞（Tony Buzan）。

4. 思维导图的本质是什么？

答：借助图形的力量，帮助大脑更好地进行更高效、更全面的思考。

5. 思维导图解决的是什么类型的问题？

答：关系复杂、涉及点和面比较多的问题，没有头绪、无从思考的问题，整理、归纳、总结类问题，策划、设计、创作类问题。

6. 哪些问题不适合思维导图？

答：简单且不需要思考的纯记忆类问题，简单的计算类问题，单线程的执行类问题等。

# 第一天
# 学会发散思维

DAY 1

- ▶ 传统的思维模式
- ▶ 线性思维模式
- ▶ 头脑风暴思维模式
- ▶ 发散式模式
- ▶ 导图的作用

**主持人：**同学们今天都来得很早啊！今天是我们学习思维导图课程的第一天。希望大家开一个好头！老的学员做好榜样，新的学员更加努力。小朋友们要认真听，不要调皮，上课不要开小差儿！大朋友也要摆正自己的位置，以一个小学生的心态去跟着老师和其他的小朋友一起思考，一起训练。谁参与得更多，谁的收获就会更大。好了，现在就让我们以热烈的掌声请出李思思老师为我们上课。

**思思：**谢谢大家的掌声！也谢谢主持人！从今天开始我们就要正式地学习思维导图的知识了。不知道大家准备好了没有？

**众人：**准备好了。

**图图：**准备好了！（大声地，比别人慢一拍儿。）

**思思：**真的做好准备了吗？图图同学，请问你做好了哪些准备啊？

**图图：**……

**思思：**刚才我听你的声音最大，你来和大家说说你都做好了哪些准备啊？

**图图：**……

众人笑。

**思思：**人的大脑是个很神奇的机器，它具有很多的功能，比如我们可以根据一个人的背影甚至轮廓就能知道这个人是谁，我们可以根据仅凭借一句咳嗽就能分辨出是谁的声音，我们还可以根据眼神和表情来判断一个人的心情如何，等等。

**维维：**似乎每个人都有这功能啊？思维导图能让我的大脑和别人的有什么区别？

**思思：**想要和别人不同，或者说想要超越别人，就要首先了解别人有什么，然后再知道别人没有什么。你只要拥有了别人没有的东西，你就超越别人了。

**思思：**可能有的同学会说：世界上这么多行业的知识，每个人都有自己独有的专业领域啊，这似乎不是那么容易超越的吧。

**思思：**其实只要时间足够，我们就能补充知识。曾经有人写过一本书，书名叫《北大毕业等于零》。什么意思呢？就是说社会发展到今天，很多的知识已经不再需要储备，只需要学会检索就足够了。

**思思：**那么，是不是只要能够检索到足够多的知识，就能解决工作和生活中的所有问题呢？

……

**思思：**好吧，我换一个说法。比如有个理论或者说有个知识点，你懂，我懂，他也懂。为什么遇上实际的困难的时候，有的人能想到解决的办法而别人想不到。原因很简单：思维模式的差异。

**思思：**所以，思维模式的不同才是决定一个人做事成功与否的根本。

**图图：**老师，什么是思维模式呢？

**思思：**这个问题很好。我很难用一句话来说清什么是思维模式。但我们可以看看我们的大脑都有哪些不同的思维模式。

**思思：**对于一些简单的问题，我们在思考的时候，很难明显地觉察出思维模式的不同。比如"你今天早上吃饭了吗？"这种类型的问题。

**图图：**没吃。

众人笑，思思老师也很无奈地笑。

**思思：**大家看到了，这样的问题虽然也用到大脑，但是几乎是不需要思考的。听好了，我是说几乎不需要思考。因为我们只需要从记忆中提取就可以了，大脑参与思考的成分非常少。

**思思：**大家还记得吗？昨天我让大家分析过，哪些问题属于大脑的思考，哪些不是。我们找到了一个规律，什么规律？我们列举的8条中，凡是疑问句，也就是以"问号"结尾的都是需要大脑思考的，凡是陈述句，也就

是以"句号"或者"感叹号"结尾的都不需要大脑思考。

众人点头。

**思思**：但是真的是这样吗？

众人有些茫然。

**思思**：比如我刚才提到的这个问题"你今天早上吃饭了吗？"当然，有些同学可能会问，提取大脑中的记忆不是思考吗？是的，这也属于思考的一种。但是我这里希望大家注意的是我刚才的那句话：几乎不需要思考就可以给出答案。

众人还是有些茫然。

**思思**：好。为了让大家对这个观点有更清晰的认识，我们再来看几个问题。

---

问题一：现在几点了？

问题二：小明到哪儿去了？

问题三：今天晚上想吃什么？

问题四：你的手机从哪买的？

问题五：有没有更好办法？

问题六：外面下雨了吗？

问题七：为什么老板总是看我不顺眼？

---

**思思**：大家看到了吗？这次的7个问题全是疑问句，全是以"问号"结尾。请大家来仔细感受一下，哪些问题需要大脑积极认真地思考，哪些问题几乎不需要大脑参与思考呢？

集体思考1分钟。

**思思**：图图，你来回答一下。

**图图**：我觉得除了第一题和第六题，其他的都需要大脑的思考。

**思思**：为什么呢？

**图图**：因为第一题"现在几点了？"只需要看一眼手表就可以了。而第六题也只需要看一眼外面的天空就可以了。

**思思：**嗯，非常好！其他的同学有什么不同意见吗？

**维维：**我觉得只有第五题和第七题需要大脑参与思考。

**思思：**你的理由呢？

**维维：**因为这2个题目是没有确切答案的，需要大脑先去想怎么回答。而其他的题目都会有确切的答案，我们只需要通过回忆或者观察就能知道答案。

**思思：**非常好。还有谁有不同的意见？

**图图：**似乎问题三也是这种情况吧？晚上吃什么似乎也没有确切的答案啊！

**思思：**是的。还有谁有不同意见？

众人沉默。

**思思：**好的，应该说恭喜大家得到一个正确的答案。大家已经开始理解什么样的问题需要我们的大脑积极地参与思考了。

**思思：**当一个问题并没有确切的答案，而需要重新构建思考路径的时候，我们的大脑就需要去积极地思考了。比如上面的第七题："为什么老板总是看我不顺眼？"这是一个非常不容易回答的问题，很难一下子就给出一个确切的答案。如果能一下子就给出答案，那就根本不存在这个问题了。

**思思：**我们接下来要讨论的，也是思维导图要解决的，就是这种非常开放的题目。题目的答案可能有无数种，也可能根本没有答案，但是我们必须在无数种答案中不断地进行分析、整理、筛选，以便让真实的答案逐步清晰。

**思思：**我这样讲大家听起来是不是还是有点晕？

众人点头。

**思思：**没关系，我们来看几个需要大家用大脑来积极思考的例子。

---

例题1：钱可以用来干什么？

---

**思思**：我先不讲几种思维模式的区别，一会儿让大家自己去体会。现在请大家拿出纸和笔，针对上面这个问题，把你能想到的答案都写到纸上。我们的要求是你的答案越多越好。大家听懂了吗？听懂了？好，给大家5分钟，5分钟后把答案上交进行比拼。

思思老师开始在学员中间走来走去，观察大家写下的答案。主持人也走到学员中间，时而和学员交流着什么，时而和思思老师交流着什么。

……

老师语音刚落，图图就飞快地在纸上写下了：

买玩具、买零食、给游戏充值

有个小朋友在纸上认真地写下了"钱可以用来干什么？"还在后面认真地写了一个"答："。并认真地写下了：

一、可以买新衣服。

二、可以买画笔和文具。

有的老学员已经开始在纸上认真地画起了思维导图。其他的学员也已经在纸上写了密密麻麻的好多字。维维同学也认真地在纸上书写着自己的答案。

思思老师又转了一圈。这时候有的小朋友的答案已经增加到了7条，还在认真地补充着。但是图图同学写了3条以后，便开始东张西望，坐立不安，瞅瞅这个，看看那个，再也不能安心地思考和回答自己的问题。尽管思思和主持人老师多次提醒他"认真做好自己的事，不要关心别人"，实际效果也不大。即使老师不允许他东张西望地关心别人的事，他也无法静下来思考了，要么玩手上的笔，要么看着前面发呆。

**思思**：最后30秒，请大家尽快完成，然后把答案交到讲台上。

图图第一个站起来交答案，答案仍然只有之前写下的3条。

**思思：**好，我现在来看一下大家写出来的答案。

（宣读每个人的答案内容，并作简要点评。）

## 传统的思维模式

**思思：**刚才大家听了这么多答案，不知道有没有这种感觉：大家所写出的钱的作用除了买、买、买，就是存、存、存。

众人笑。

**思思：**我的问题是"钱可以用来干什么？"但大家能想到的用途都是钱作为一种货币能够实现的作用。所以大家的答案基本就是：买东西和储蓄。不管你买的有形的商品，比如吃的、喝的、玩的、用的，还是无形的服务，比如教育、旅游、医疗等，都需要用货币。这是钱最直接的用途。当然你还可以把它存到银行用于投资或者赠予他人。比如有的同学写了炒股票、做慈善、压岁钱、红包、孝敬父母等。

众人似乎还是茫然一片。

**思思：**除了这些，我们还能不能想到钱的其他方面的作用呢？

众人似乎还是蒙在鼓里，没能想出什么其他的功能。

**思思：**其实我想说的，大家现在的这种思考模式就是传统的思考模式，也可以叫作线性思维模式。

## 线性思维模式

**思思：**严格地讲，并不是每一个人的传统思维模式都是线性思维模式，也有的人会天马行空，或者左右摇摆。

**图图：** 什么叫左右摇摆？

**思思：** 不要着急。一会儿就让你体验一下左右摇摆的感觉。

**图图：** 哇！我不要！我不要！

众人笑。

**思思：** 所谓线性思维模式，是说一个人在思考一个问题的时候，大脑的思考方向只会沿着一个方向去思考，大脑的思维受到了自己画的这条线的限制而无法考虑到更多的维度。有句俗话说"一条道儿走到黑"，就是指的这种思维模式。虽然这个成语的本意是指人做事倔强，但用在我们思考问题的方式上也是非常恰当的比喻。

维维同学举手，思思老师示意他可以提问。

**维维：** 老师，我们刚才在思考钱的用途的时候，并不是一条道儿走到黑啊。我们思考了钱好几个方面的作用啊！比如用于生活方面的、学习方向的、投资方面的、社会方面的等。

**思思：** 很好。这个问题问得很好。我为什么说这是线性的思维模式呢？我再给大家举个例子。比如是不是有人会这样思考？

---

钱有什么用途呢？

钱可以用来购买食品。

钱多了可以用来购买更健康环保的、更有营养的食品。

有了健康营养的食品我就会有一个健康强壮的身体。

有了健康强壮的身体我就能做更多自己的事情，实现自己更多的梦想。

……

---

**思思：** 于是有的人就说"钱可以换来健康、钱可以帮我实现更多的梦想"。有没有人这样思考过？

众人点头。

**思思**：我承认大家的思路非常有创意，但是仍然没有从刚才自己设定的"钱可以用来买……"这个范围中跳出去。这在一定程度上还是一种线性的思维模式，虽然你已经沿着这条线向前走出一步、两步、三步。

思思环视教室一周，似乎大家还是听得一头雾水，不知道自己到底应该怎么思考。

**思思**：好！为了刺激大家打开想象力，接下来，我要……

思思说到这里，停了一下。然后从口袋里掏出钱包，并取一张十元的纸币，举起来。

**思思**：这是什么？

**众人**：钱！

**思思**：都认识啊！

众人笑。

**思思**：这钱是谁的？

**众人**：你的！我的！

众人笑作一团。

这时候思思老师把这张10元的纸币一点点地折叠成了一架漂亮的纸飞机，然后举起来。

**思思**：这是什么？

**众人**：飞机。

思思老师高举飞机说了句"谁抢到算谁的！"然后将纸飞机往教室上空掷了出去。

图图第一个站起来就去抢，可惜飞机不偏不正地落到了维维面前的桌子上。

图图很不高兴地嘟着嘴走回来。维维拿起飞机冲大家开玩笑说："这是我的了！"然后起身将飞机交还给了思思老师。

**思思**：好不容易抢到怎么不要了？

维维笑着摆摆手回到自己的座位上。这时候图图站起来高举着手说：

"老师，我要！我要！"惹得众人哈哈大笑。

**思思**：如果下次回答问题比赛，你能得第一，这个"飞机"就奖励给你！

图图略有失望地坐下来，不过还握紧了拳头，做出一副要拼命努力的样子。

**思思**：不知道大家从我刚才的小实验中得到了什么启发？

图图又第一个举手，思思示意他可以回答。

**图图**：只有努力拿到第一名，才能拿到奖品。不对，是奖金！

有个小朋友说：捡到别人的钱一定要还给失主！

众人笑。

**思思**：你们两个说的都很对，可惜与我们今天讨论的问题没有关系。我们今天讨论的是什么？钱有什么作用？

众人恍然大悟：钱可以用来折飞机。

**思思**：太对了。大家终于想到我想表达的意思了。那除了折飞机，钱还可以用来做什么呢？

众人思考了一会儿，突然有人说：折小船！

然后大家似乎一下子明白了，于是就有下面一堆答案：

折小狗、折花、折小衣服……

**思思**：除了折东西，难道就没有其他用途了吗？

……


## 头脑风暴思维模式

**思思**：通过刚才的纸飞机试验，大家一下子就想起了关于钱的很多功能。但是大家有没有觉得，说了那么多的功能实际只是一类功能啊？

**图图**：折纸的功能。

思思：太对了，这些功能都属于折纸。不管你用它折出多么复杂、多么漂亮、多么丰富多彩的物品，都属于折纸这一类的功能。除了这个功能，大家还能不能想到它的其他功能呢？

思思老师举手那张10元的纸币问大家。

每个人都在盯着老师手里的这张纸币思考着，但是却没有人能想出什么功能来。这时候思思老师开始引领大家向更多的方面去思考。

思思：大家刚才说的一类功能叫什么？就是折飞机这个？

众人：折纸。

思思：再说一遍！

众人：折纸。

思思：再说一遍！

众人：折纸。

众人大笑。

思思：大家现在有思路了吗？

众人继续茫然中……

思思：我们为什么管这类功能叫"折纸"，而不把它叫作"折钱"呢？

思思老师说完，看着同学们，这时候有些同学似乎开始明白了。

思思：因为我们在折飞机的时候，并没有把它当成钱，而是把它当作纸。

维维：老师我明白了。钱具有纸的特性，所以它就有纸所能具备的所有功能。

思思点了点头。

思思：非常好！

维维：比如写字、画画……

思思：是的。那大家现在可以开始你们的头脑风暴了。看看还能想出多少种与"纸"有关系的用途呢？

众人恍然大悟。

思思：好，现在给大家5分钟时间，看看大家还能想出多少种新的用途。

图图飞快地在纸上写下了：折飞机、折轮船、折青蛙……

思思小声问图图：除了折这些东西，就不能做其他的事情了吗？

图图：还能折什么？我就折这几种，其他的东西我不会折。

思思：你不会开车，那就说明车不能用来开吗？

图图：哦！别人会的也算啊？

思思：当然，那也算是它的用途啊！

图图兴奋地说：那太多了。

思思：你别高兴得太早。我是问你除了折纸，就不能干别的吗？

图图：除了折纸……

思思：不着急！慢慢想，好好想。

有的小朋友写下了：折飞机、折衣服、折玫瑰花……

然后在后面非常认真地点了六个点（省略号）。

有个小朋友跑到思思老师身边小声地问道：老师，我要用钱来剪纸，算不算破坏人民币啊？

思思：如果你能想出来用途，可以写上，但是现实中我们不能真这么做。

小朋友：因为电视上说破坏人民币是犯法的。

思思：是的。但是今天我们讨论的是你能想到多少用途，而不是真的让你去这么做。

小朋友满意地点点头，开始在纸上写上一些新的用途。

很快大家又想出来很多的用途：如写字、画画、剪纸等。

思思：我刚才看到大家已经写出了很多的用途，但是大家还没有把思路完全打开。大家可以想想，除了这些功能，我们还能想到什么？

大家在努力思考中。

思思：我们既然想到了纸，就不要局限于一种纸，或者完全局限于纸这一种介质。其实钱还有一些和纸很接近的功能。比如我家里有些很小的东西，我怕丢，我们会怎么存放呢？比如我们的手表中经常用到的那种很小的纽扣电池，如果随手一放，时间长了就容易丢掉。如果拿一张纸包起来，因为电池太轻太小了，所以又经常被我当废纸扔掉，后来我就想到了一个好办法，我会找张一元的纸币把它包起来，扔到抽屉里。这样，我再怎么收拾抽屉的时候，也不会把这一元钱扔掉。所以，钱除了可以折纸、剪纸、写字、画画以外，还可以用来包东西用。

大家仿佛又意识到一些东西。

**思思：** 那现在大家再想想，除了包东西，我们还可以联想到哪些更新的用途呢？

# 发散式模式

**思思：** 刚才大家通过头脑风暴，已经又想到了很多新的用途。但是，大家是想到哪里算哪里，没有一个条理和头绪。接下来，我们换一种思路，看看能不能想到更多钱的用途。

**图图：** 还要想啊？！

**思思：** 接下来我们要进行的这种思考模式，看上去和刚才的模式很像，但是实质上是有很大的区别的。我们管这种思考模式叫作发散式思考模式。

**图图：** 老师，什么叫发散式思考？

**思思：** 我来举个例子说明，大家就明白什么是发散式思考了。比如我们刚才想到了折飞机，我们马上就能想到折这个、折那个等一堆折出来的东西。如果我想到了钱可以用来写字，你马上就能想到可以用来画画。这本身就是发散式思考。

**维维：** 这似乎和刚才的思考模式没有什么区别啊？

**思思：** 是的。但是如果我们把发散的中心点向上移动一级，区别马上就出来了。

**图图：**上一级？

**思思：**是的，上一级。大家还记得我们是怎么联想到钱可以用来折纸的吗？

**图图：**是因为你折了一个纸飞机，还扔出去了，我还没抢到。

众人大笑。

**思思：**非常好，但是不准确。好，我们这样来回忆。如果说折飞机是发散出来的一个点，那么它的发散中心就是折纸。同样的道理，如果说折纸是被发散出来的一个点，那它的发散中心是什么呢？

众人开始思考，但是没有很好的答案。

**思思：**是什么让我们想到折纸呢？我前面曾经说过这属于一个什么属性？

**维维：**是纸的属性吗？

**思思：**太对了。是纸的属性让我们发散出折纸这一功能。那我们可以围绕"纸"这个属性，看看还能发散出来什么？如大家刚刚已经发散出来的写字、画画、剪纸等。还有，刚才我提到了可以用钱来包东西。这个就不仅是纸的属性了，布、塑料布等都可以有这个功能，那钱是不是也具有和它们类似的属性呢？比如糊墙、擦屁股……

**图图：**老师你好恶心啊！

众人笑。

**思思：**大家笑笑可以，但是如果这是比赛，看谁想出来的数量多谁就取胜，你们已经败了。就像刚才有的小朋友担心的一样：用钱来做剪纸是不是违法啊？我们现在是假装，不是真做。对吧，图图，我又没让你真的拿钱去擦屁股。

众人大笑，图图同学又气又笑，站起来拍桌子指着老师表示抗议。

**思思：**好了，大家笑够了，可以继续来思考我们的问题了。我们刚才又向上跳了一级，回到"钱的属性"这个点上。那在这个点上发散的时候，钱除了纸的属性、包装用品的属性，还有什么其他的属性呢？

大家都在拼命地思考。

**思思：**比如钱是不是可以当柴火来烧？

**众人：**哦……

**思思：**你们没想到吧？那是不是以柴火为一个点，又可以发散出去很多的用途呢？

众人点头。

**思思：**也就是说，所谓发散式思考，就是一旦有一个点出来，我们就能以这个点为中心，发散出很多的点。而且被发散出来的点，还有可能被进一步发散出下一级的、更多的点出来。这就是发散式思考。现在明白了？

**众人：**明白了。

**思思：**其实我们现在离一张思维导图的距离越来越近了。不过在完成第一张思维导图之前，请大家现在按我刚才说的发散式思考的模式，再来完善一下"钱可以用来干什么？"这个问题的答案，看看还能想到哪些更稀奇的答案。

**图图：**还要写啊？！

**思思：**是的，争取让每个人都能想到几十个甚至上百个答案。

图图既失望又惊奇地"啊"了一声，趴到桌子上皱起了眉头、撅起了嘴。

思思老师又开始在教室里来回转，观察学员们的学习情况。主持人也走到学员中间，和大家小声地讨论着什么。

同学们的答题纸上写出来的答案越来越多，已经有人写了满满的一页纸。


## 导图的作用

**思思：**好了。我刚才看了一圈，看到大部分的学员已经写出了很多答案。有了这么多答案，我们现在就可以整理一下，来得到一张条理清楚的思

维导图了。

维维举手示意有问题，思思老师向她示意可以提问。

**维维**：老师我有点不明白。你之前说过思维导图可以帮助我们思考，但现在我们已经思考完了，答案已经出来了，为什么还要画思维导图呢？这时候思维导图在其中能起到怎样的帮助作用呢？

**思思**：这个问题问得非常好。可能其他人也有这个疑问：我们已经有了这么详细的答案了，也没体会到思维导图在这个过程中起了什么作用啊？

众人点头表示认可。

**思思**：其实思维导图一直在其中起着非常重要的作用，只是我们没有把图画出来而已。现在来一起看看，我们的大脑是如何思考的。

思思老师拿起笔走到白板边上，一边画思维导图，一边给大家继续讲解。

**思思**：首先我们来看看今天思考的这个问题是什么？

思思在白板的正中心写下"钱的用途"4个字，并画了个框，还在字下面画了一张钱的简笔画（如下图）。

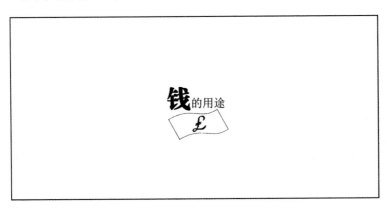

**思思**：大家知道我为什么把钱这个字写得这么大吗？

**图图**：是为了突出钱的用途。

**思思**：是的，是为了让我的思考时刻能围绕"钱"这个字。其实这就是思维导图的第一个作用，就是能让大脑的思考围绕中心，而不发生偏离。

**维维**：老师，我们刚才没用思维导图，也没有偏离方向啊？

**思思：**看上去是这样。但是刚才就有人这样思考的，还记得吗？钱可以买到健康的食品让我有一个健康的身体，可以买到好的教育资源让我有一个聪明的大脑。有了健康的身体和聪明的大脑，我就可以有一个好的工作，就能做出更大的贡献，将来就能更好地孝敬父母、报效祖国……刚才是不是有人这样想过？

众人点头。

**思思：**其实后面的思考内容已经远离了我们的主题。"孝敬父母、报效祖国"没有错，但是这已经不是"钱"的直接用途了。举个简单的例子：钱可以买一瓶水，水可以用来解渴。但是我们不能说解渴是钱的用途。

众人点头表示同意这个观点。

**思思：**所以，我们在思考的时候，如果突然想到一个答案，也就是大脑中突然闪过一个答案，比如折飞机。我们就要想想这属于钱的哪种用途。

折飞机——折纸——纸——纸币——钱

**思思：**我们从折飞机想到它属于折纸的一种，从折纸想到它属于纸的用途的一种，从想到它属于纸币的一个属性，然后继续向上思考就想到纸币，这已经是中心词"钱"的一个属性。

众人似乎明白了思思老师的思路，似乎又不完全明白。

**思思：**好了，现在我要打断一下刚才的思路，来个急转弯，希望大家能跟得上我的节奏啊！请问我讲到这里，大家又想到了钱的哪些用途呢？我是指某一个大的方向。

众人开始思考，似乎没有从刚才的讲解中听到什么提示。

**思思：**我们从折飞机，到折纸、纸张、纸币，再到钱。我再重复一遍：从纸币然后再到钱。大家有思路了没有？

**维维：**老师我有思路了。

**思思：**请说。

**维维**：我们由纸币想到钱，那么就应该由钱想到纸币。那同样我们应该可以由钱想到硬币，想到移动支付，想到银行卡、存单等。然后我们从硬币、银行卡、第三方支付平台等又可以联想和衍生出很多的用途。

**思思**：非常好。大家如果能学会刚才维维同学所说的这种思维模式，应该就已经学会了思维导图的思考方式了。

众人若有所悟地点头示意。

**思思**：好了。现在我们来具体看看，大脑是如何用思维导图来思考的。

思思在白板上画出来五个分支，如下图。

**思思**：大家是不是还有很多没想到的领域啊？比如钱作为一种印刷品，是不是我们又可以联想到很多的功能啊？比如收藏。

众人有种恍然大悟的感觉。

**思思**：其实还有很多。我现在列出的是不同的属性。每个属性中都可以联想出很多新的分支。以货币的属性为例，钱可以用来买东西、投资、存银行、捐赠等。以买东西来说，就更丰富多彩了。大家已经想到了很多，比如实物，如吃的、喝的、玩的、用的，再比如服务类，像旅游、教育、医疗、健身、家政、咨询等。那问题来了，思维导图到底如何帮助我们思考呢？

**图图**：就是看着中心词，然后不断地想到很多分支，然后再继续分、分、分，继续想下去。

**思思**：很好，但不完全。实际在我们思考的时候，如果能把想到的不断地画到导图中，我们的思路就会越来越广，而且条理也会越来清晰。因为每想到一个功能，我们都知道它应该处在这个导图的哪个分支的哪个位置。如果说某一个功能我们把它放在哪个位置都不合适，那时导图会提示我们，是不是考虑重新划分一个新的分支出来。一旦能生成一个新的分支，那就可以再围绕这个新的分支重新发散出很多新的内容出来。但是无论如何去发散，它永远不会偏离我们的中心主题。这就是思维导图的优势。

**维维**：老师我有个疑问。比如我刚开始思考的时候，我想到的全是买东西，所以我把思维导图的分支分成了买实物、买服务、投资理财等几个分支。但是突然出来个折飞机，和之前这几个分支都不沾边，所以我又增加一个折纸。后来又出现很多和折纸不沾边的答案，比如烧火、练字。但是这样会让分支越来越多。那我应该怎么画这张图呢？

**思思**：我先纠正大家一个观念。我们学习思维导图，并不是为了画图，而是为了帮助我们思考问题的答案。所以大家在思考问题的时候，千万不要想着我怎么才能把这张思维导图画好，而应该想着怎么把这问题思考得更加全面。所以我们在画的过程中，是很随意的，就像刚才你们所说的情况，我们就要调整大脑的思路，把之前的买实物、买服务、投资理财等在大脑中重新归为一个大类，然后再陆续把折纸、写字、烧火等也重新归为一个大类，这样我们的大脑中的结构就做了新的调整。当然，如果你感觉自己的脑力不够用的话，可以在纸上修改你的图。具体怎么改看你的习惯，只要你所做的标记能够让你厘清新的逻辑关系就好。比如把需要重新归类的大类画个大圈，然后在圈外画一个新的分支线连接到中心点，并把大类的名称写到新的分支线上。

维维满意地点头。

**思思**：大家一定要记住。学习思维导图，目的不是画图，而是锻炼思维。当你把心态摆正的时候，你就不会再去纠结图画得如何，而更注意自己思维模式的锻炼和提高了。大家能明白我的意思吗？

**众人**：明白。

**思思**：那好。现在请大家重新拿出一张纸，把你自己刚才想到的和我刚才提到的一些关于钱的用途，重新整理成一张思维导图吧。

**图图**：老师，你饶了我吧！

众人笑。思思老师也冲图图笑笑，然后用手指了指图图面前的白纸，示意他赶紧做课堂作业。

**思思**：我再补充一句。到现在为止，我还没有讲过如何画思维导图，所以大家尽管发挥自己的想象来画，画成什么样都无所谓。我们的目的不是看哪位学员画得更好看，而是看谁整理出来的思路更清晰。

大家开始在纸上认真地画了起来。

# 知识点总结

1. 何为封闭性问题？

答：答案是固定的，只需要简单地观察、回忆就能给出答案的问题。如：几点了？你叫什么名字？下雨了吗？

2. 何为开放性问题？

答：答案是不固定的，需要经过复杂的理解、总结、归纳、分析或者推理才能给出答案的问题。如：为什么选择我们公司？你下一步有什么打算？你从这件事中领悟到了什么？

3. 传统的思维模式是什么？

答：传统的思维模式即大部分人在思考问题时的思维模式，大概率可以等同于"线性思维模式"。

4. 何为线性思维模式？

答：线性思维模式是指在思考问题时，会一直沿着一个方向或者维度进行思考，而不会向该点的同级别的不同维度或者更高级别的维度进行思考。这种思维模式的优点是不会偏离思考的方向，缺点是思路受限，思考结果的局限性太大。

5. 何为头脑风暴思维模式?

答：所谓头脑风暴思维模式，即围绕一个主题不加限制地任意进行思考的模式。在头脑风暴思维模式中不考虑其可行性、逻辑性、关系性和真实性。这种思维模式的优点是思维不受任何的限制，可以想到更多的可能性；缺点是可能会偏离主题太远或者与现实的差距太大，导致没有价值的答案太多。

6. 何为发散式思维模式?

答：所谓发散式思维模式，即针对一个主题进行思考，并向该主题的上级、纵深及平行的维度去思考的方式。该思维模式既能想到更多的可能性，又不会偏离主题本身，是一种最实用的思维模式。

7. 思维导图在发散式思考时有什么作用?

答：思维导图在发散式思考的过程中，可以帮助大家更清晰地看清主题的平行、上级、纵深等各个维度的相关主题，并能根据这些主题进一步进行发散式思考。使用思维导图帮助大脑进行发散式思考，既能保证大脑更加清晰地把握思考的方向，又能防止因思考的方向过多而产生遗漏。在思维导图的帮助下进行发散式思考，将会使大脑思考出来的答案更加全面、更加系统、更加有条理。

---

**第一天的作业：**
请用思维导图画出"钱的用途"。

# 第二天
# 学会归纳总结

DAY 2

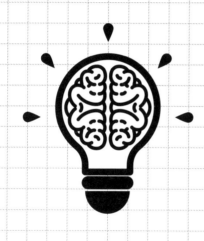

**主持人：**各位学员，大家早上好，很高兴又与大家见面了。昨天放学的时候给大家布置了作业，从大家上交的作业情况来看，大部分学员认真地完成了作业。不管画得是否好看，内容是否完整，只要你认真地参与了，一定会有收获。今天，我们继续学习思维导图的课程，进行思维模式的训练。今天训练的主题是"如何更好地归纳总结"。让我们掌声有请思思老师给大家上课。

**思思：**谢谢大家的掌声。过了一晚上，不知道大家是否还记得我们昨天学习的内容？

**图图：**记得。

**思思：**很好，图图同学，你来说一下昨天我们学习的是什么？

**图图：**昨天主要学习的是"钱有什么用"。

**思思：**说完了？

**图图：**嗯！

**思思：**好吧，请坐吧。昨天我们确实学习了"钱有什么用"，但这不是我们学习的重点，只是一个例子。我们昨天主要学习的是如何利用思维导图更好地进行发散式思维。今天，我们将学习和它完全相反的一种思维模式，就是归纳总结的思维模式。

## 杂乱无章的烦恼

**思思：**说起归纳总结，似乎很多人觉得毫无难度。其实归纳总结并没有大家想象的那么简单。我们还是从一个例子开始，做一个简单的发散式思维的训练。但是这次不要求大家画出思维导图，只要把你想到的所有的点都列出来。

我们的问题是：如果明天准备出门旅行几天，请问需要准备哪些东西？

**图图：** 去哪旅行？

**思思：** 随便去哪里。总之是个一周左右的旅行吧，现在让你思考的是，你需要准备和携带哪些东西。

**图图：** 哦。我要带……

**思思：** 不用告诉我，在纸上列出来。

**维维：** 老师，是自驾游？还是跟团？或者是自助？

**思思：** 这个随意，我们主要是看大家能想到多少东西，至于选择哪种旅游方式，大家自己决定。

10分钟后。

**思思：** 我现在把大家写下的答案列到白板上，如果有遗漏的大家再补充。

---

身份证、银行卡、手机、充电宝、充电器、换洗的衣服、水杯、茶叶、太阳镜、帽子、雨伞、应急的药品、睡衣、洗漱用品、适量的零食、适量的水果、照相机、望远镜、驾驶证、加油卡、几本书、适量现金、饮用水、洗衣粉、御寒衣服、防晒霜、泳装、家门钥匙、驱蚊药

---

**思思：** 现在已经列出了这么多物品，我想不管是自驾游还是自由行都能满足了。好了，现在先把去哪儿旅游的梦放一放，因为接下来我们要做的是把上面的物品进行分类。

**图图：** 老师，都放到后备厢就可以，找个很大、很大的旅行箱全塞进去。

**思思：** 你的想法很好。只是我们现在不是让大家把东西打包装箱，而是把这些东西按类别的不同在大脑里分类。大家看看有多少种分类的方法？

众人思考1分钟。

**思思**：大家可以说一说自己是如何进行分类的。谁先来？

**图图**：我分成吃的、玩的、用的，3类。

**维维**：还可以分成随身携带的、背在包里的、放到车上的。

**图图**：我还可以把它们分成小孩子用的和大人用的。

**思思**：很好，大家的分类都没有问题。但是如果我说只允许大家分成2类的话，大家应该如何分类呢？

**图图**：能吃的和不能吃的。

**维维**：需要随身携带的和不需要随身携带的。

……

**图图**：老师，为什么非要分为2类呢？

**思思**：并不是说现实中我们必须分为2类来处理，这只是为了训练一种思维模式。我们换一个问题，让大家更加深刻地感受一下分类的重要性。接下来，我们一起玩一个猜词游戏，谁猜得最快，同样有奖励。

**图图**：什么奖励？

思思老师从口袋里掏出一盒口香糖说：这就是今天的奖励。

**图图**：老师，你太抠门儿了，就奖励我们一块口香糖啊?！

众人大笑。

**思思**：这块口香糖并不是用来吃的，而是一种荣誉的象征。

众人笑，图图同学也跟着大笑起来。

**思思**：好了，大家笑够了，我们来看一下我们的游戏规则吧。

大家陆续安静了下来。

**思思**：接下来要玩的是一个猜词的游戏，游戏的规则是这样的……

# 从一个猜词游戏开始

**游戏规则：**

我们首先请出一位参赛选手站到前面来，背对白板。出题者（思思老师）会在白板上写下一个词语，然后让参赛选手来猜白板上写的是什么。

选手不允许回头看，台下的同学不允许提醒。

选手通过提问的方式来猜测白板上写的是什么，但是必须是是非题。所谓是非题，就是只能问是什么吗？或者是什么类型的吗？

比如，可以提问"它是红色的吗？"

但不能提问"它是什么颜色的？"

前者就叫是非题，后者属于非是非题。

而我们的回答只有三种：是的、不是、不知道。

为什么会有不知道呢？

当回答"不知道"时有三种可能。

一是问题的答案不够明确，很难区分它是不是属于所提问的情况。比如我们的答案是"鞋子"，你问"它是红色的吗？"，我们只能回答"不知道"。因为鞋子可能是红色的，也可能是其他的颜色。

二是知识所限不能确认。即所问的问题超出普通人的认知范围，导致回答者真的不知道应该回答"是"还是应该回答"不是"，所以只能回答"不知道"。比如同样是"鞋子"，当提问"它里面含有橡胶吗？"，这时候回答者可能并不了解橡胶这种材料，无法搞清楚鞋子里面是不是含有橡胶，所以只能回答"不知道"。

三是当提问者的问题是开放式问题时，回答者会立即回答"不知道"。比如当问及"它是什么颜色的？"时，回答者就会立即回答"不知道"。其实就是拒绝回答的意思。

**思思：** 大家听明白游戏规则了吗？

众人似懂非懂地回答：听明白了。

思思：没有完全听明白也没关系，我们先来试验一轮。第一轮我们按最简单的玩法进行。我们先请一位志愿者上来，大家一起来回答他提的问题。哪位愿意上来？

图图高高地举起了手：我来！我来！我来！

思思：好吧，我们就让图图第一个来竞猜我们的答案。图图请到白板旁边，面向大家。

待图图站好以后，思思准备在白板上写下第一个词语，这时候图图却调皮地回头。

思思：不许偷看！

图图赶紧把头回了过去。这时候思思老师赶紧在白板上写下了"苹果"二字，并在示意大家看清并记住以后擦掉了。

图图又忍不住偷看了一眼。

思思：我就知道你还会调皮偷看，所以我擦掉了。现在你可以死心了，老老实实地猜吧，不要再想着偷看了。

图图很无奈地挠挠脑袋，开始思考怎么提问。

思思：你要好好想想，怎么样提问才是最好的。因为我们是按你提问所用的时间长短来决定胜负的。

图图：我准备好了。

思思：好的，我给你的提问时间是2分钟，如果2分钟内猜不出答案，挑战失败。你明白了吗？

图图：明白了。

思思：第一轮，你提问题，我来回答。准备——开始！

思思老师按下了秒表。

图图：请问这个词是桌子吗？

思思：不是。

图图：请问这个词是铅笔吗？

思思：你别这么客气，直接问是什么就可以。

图图：是铅笔吗？

思思：不是。

图图：是杯子吗？

思思：不是。你要这么猜，猜到明天晚上也猜不到。

图图：那怎么问？

思思：你至少要想办法知道它属于什么类型的？

图图：什么类型？

思思：就是它属于吃的还是用的，是服装、电器、玩具、植物等的哪一类啊！

图图：哦。它是吃的吗？

思思：是的。

图图：啊！我猜对了。

思思：别高兴，继续猜啊！

图图：还猜啊！不是已经猜到是吃的了吗？

众人笑。

思思：你得说出它是什么东西？是面包还是牛奶？

图图：它是面包吗？

思思：它也不是牛奶。

众人笑。

思思：你先回去。你还没有完全理解这个游戏的玩法。先看看别人怎么玩好不好？

图图很不情愿地回到座位上。

思思：大家先好好想想，应该怎么提问才是最好的。

众人讨论5分钟。

思思：好，我想大家讨论得差不多了。第二轮，我们这样玩，为了让大家更熟悉这个游戏的规则，我们由一个同学来猜词和提问，其他人一起来回答。好不好？

众人：好。

思思：哪位同学自愿上来？

众人没人举手。

思思：图图同学？

图图连忙摇头表示不上去。

思思：没关系，我们是做游戏，又不输钱的。哪位同学愿意自告奋勇
上来？

维维：我来吧。

思思：好。我们给维维同学一点掌声。

维维背对白板站好，思思老师在白板上写下了"橡皮"两个字。

思思：大家看清了吗？

众人：看清了。

思思擦掉了白板上的字。并示意可以开始提问了。

维维：是可以吃的吗？

众人：不是。

维维：是有生命的吗？

众人：不是。

维维：是可以用的吗？

众人：是的。

维维：是我们家里用的吗？

这时候有人回答是的，有人回答不是，并且有人开始了争论。

思思：现在答案开始有分歧了，这时候你应该抓住这个关键点。为什么
有人说是，有人说不是呢？这个你自己想。

维维似乎明白了思思老师的意思，接着问：是这个教室里有的吗？

这时候众人开始在教室里到处看，突然有人说：是的。

然后紧接着其他人也说：是的。

维维：是在课桌上的吗？

众人：是的。

维维：是钢笔吗？

众人：不是。

维维：是杯子吗？

众人：不是。

维维：是笔记本吗？

众人：不是。

维维：是白纸吗？

众人：不是。

维维：是包吗？

众人：不是。

维维：是手机吗？

众人：不是。

思思：我打断一下。我们的课桌上有很多的东西，每个人课桌上的东西也不一样。这时候不要急于提问，而要想办法对课桌上所有的东西进行分类。

维维：哦！是文具吗？

众人：是的。

维维长长地出了口气，接着问：是钢笔吗？

众人：不是。

思思：这个问题你刚才问过了。

维维：哦。文具！文具！文具！

维维开始环视教室里在视线之内能够看得到的文具。

图图同学开始耐不住性子朝某个课桌那使劲指，还怕思思老师看到。

维维：是铅笔吗？

众人：不是。

维维：是圆珠笔吗？

众人：不是。

维维：是彩笔吗？

众人：不是。

维维：是尺子吗？

众人：不是。

维维：是笔袋吗？

众人：不是。

维维：那还有什么？是涂改液吗？

众人：不是。

维维：是橡皮吗？

思思：恭喜答对。

维维长长地叹了口气，脸上露出开心的笑容。现场响起了热烈的掌声。

## 学会分类

思思：刚才维维同学非常聪明。他首先把范围锁定在了咱们的这间教室，然后又锁定在了课桌上。这时候已经很容易找到答案了。即使不再进行分类，课桌上的物品不会超过20种，挨着问一遍也能问到答案。

维维同学点头，众人附和。

思思：但是，这并不是最快的方法。我们之所以玩这个游戏，是想让大家学会分类，而且尽可能分为2类，然后逐步进行细化，直到找到这个问题的答案。

维维：老师，为什么非要分为2类呢？

思思：不分2类也可以，但是分为2类是最快的归类方法。比如还是刚才的问题，当我们锁定教室这个范围之后，我们怎么对教室里的东西分类呢？

**图图**：分为课桌上的和不在课桌上的。

众人笑。

**思思**：如果我的答案不是橡皮呢？这时候大家怎么分类？比如我现在已经重新想好了一个答案，大家来提问吧！答案就是这个教室里的物品。大家想想怎么分类？

**图图**：是课桌上的吗？

众人笑。

**思思**：你不要总想课桌。大家可以随意提问，但是我都不回答。我只是看看大家怎样对教室里的东西进行分类。

**维维**：是用电的吗？

**思思**：很好，这是一种分法。还有呢？

**维维**：是可以装进包里的吗？

**思思**：这个也不错，从大小上来区分。还有呢？

**图图**：是可以吃的吗？

**思思**：哈哈，这个也不错啊！其实我们教室里可以吃的东西还是很多的。不过好像不可以吃的东西更多啊。

图图不好意思地笑，众人跟着笑。

**维维**：是个人的吗？

**思思**：我没听懂什么意思！

**维维**：就是说是我们自己带来的个人用品，还是教室里原来就有的公用物品。

**思思**：哦。这个分类方法也很好。大家还有其他的分类方法吗？

众人思考中。

**思思**：这个游戏的正确玩法，就是不断地分类。从大的概念到小的概念，不断分类。当然不一定非要分为2类，也可以分为3类，或者4类、5类。但是分类越少，你查找答案的速度就越快。比如我们教室里的东西，

如果你觉得分为2类确实有些困难，你可以这样来提问：

---

是墙上的吗？

是天花板上的吗？

是课桌上的吗？

是地板上的吗？

是人身上的吗？

---

**思思**：这是按位置分类的方法，我们通过上面的5个问题，就可以把物品进一步定位到一个更小的位置。我们也可以这样提问：

---

是用电的吗？

是含有纸的吗？

是含有布的吗？

是含有木头的吗？

是含有金属的吗？

是含有塑料的吗？

---

**思思**：什么意思呢？其实每一次提问不仅能确定一个分类，更重要的是，我们每次得到一个"不是"的答案后，都能排除掉很多的东西。这样我们就根据每次的"是的"和"不是"来逐步缩小物品的范围。当然还有很重要的一点，就是当回答"不知道"的时候，我们要特别关注。因为答案就在你回答的"不知道"里面。比如还是刚才"橡皮"这个例子，如果你问"它是随身携带的吗？"，怎么回答？

众人有的说是，有的说不是。

**思思**：大家知道为什么你们的答案不统一吗？

众人还在讨论是还是不是。

**思思**：好了，大家先别争论。你们之所以对这个问题的答案有争议，是因为大家对这个问题的理解不一样。刚才的问题是："它是随身携带的吗？"

**思思**：有人理解为它能不能随身携带？当然能，握在手里，装在口袋里都可以，非常容易随身携带啊！不过，你没事天天出门随身装块橡皮做什么？

众人笑。

**思思**：所以，还有一些人的理解是它是不是很多人经常随身携带的，就像手机一样。因为很少有人随身携带橡皮，所以应该回答"不是"。

众人点头示意明白。

**思思**：所以，这个问题出在哪里？当听到有人说是，有人说不是的时候，其实也就说明了这个问题的答案是"不知道"。这时我们就应该反思自己的问法是不是不严谨。我们换一个问法："它是可以装进口袋的吗？"

**思思**：这时候，我们应该怎么回答？

**众人**：是的。

**思思**：现在大家明白了吧。当回答不知道的时候，我们就要特别关注，到底"不知道"是什么意思。好了，接下来我们继续来研究如何分类？我先给大家一些词，大家看着词来反推一下，如果是你，你第一个问题应该问什么？

---

松树、吹风机、火星、石头、空气、面包、
恐龙、军人、杂志、金鱼、布娃娃、香菜

---

**思思**：我为什么要大家这些词呢？是告诉大家，我的答案没有局限性。天上飞的，地上跑的，水里游的，吃的、喝的、用的，大自然的，人造的，什么都有可能。在这样的情况下，第一问题应该问什么来快速限制答案的范

围呢？给大家5分钟时间讨论，我们一会儿再进行一轮游戏。

众人讨论5分钟。

**思思：**好了，时间到了。哪位同学先来说一下思路？

**图图：**先问天上的还是地上的，再问是不是人造的，最后问是在什么地方的。

**思思：**不错，其他同学有没有更好的方案。

**维维：**先问是不是人造的，再问根据回答逐步分类。比如天然的，就问是动物、植物还是大自然的物品。如果是人造的，可以从是否用电、什么材质、形状大小等来区别。

**思思：**很好，还有其他的思路吗？

……

**思思：**好。那哪位同学上来挑战猜词？

图图同学再次举手，来到白板前面。

思思老师在白板上写下了一个"×××"，待其他同学看清后，立即擦掉。并示意图图同学可以开始提问了。（为了让读者一起跟随思路思考，这里先把答案隐去。读者可一边阅读，一边跟随着图图的提问来思考自己脑海中的答案。）

## 导图的作用

**思思：**图图同学，除了你，我们已经知道答案了。而且我已经把答案擦掉了，你可以放心转过身来。我会把你问的每一个问题的答案都写到白板上，以便你在大脑中构建出更加清晰的思路。

**图图：**好的。

**思思：**开始提问后，大家一起回答，我保持沉默。我只负责把大家回答的答案依次写到白板上。准备好了吗？

**图图**：准备好了。

**思思**：开始。

**图图**：是天然的吗？

**众人**：不是。

**图图**：是人造的吗？

**众人**：是的。

**图图**：是有生命的吗？

**众人**：不是。

**思思**：我插一句。人造的东西有生命吗？你是指克隆羊吗？

众人笑。

**思思**：我们的答案都是常见的物品，不会是很奇怪的东西。还有就是你要保持头脑清楚，自己问过什么，已经排除的物品一定要记清楚。如果你记不清，就看看白板上我写出来的答案。

**图图**：好的。

**思思**：继续。

思思在白板上写下"人造的"三个字。

**图图**：它是用电的吗？

**众人**：是的。

**图图**：它是可以随身携带的吗？

**众人**：不是。

**图图**：它是家用的吗？

**众人**：不是。是的。不是，是的。

众人开始出现争议，大家想起了思思老师前面讲的内容，最后给了个统一的答案：不知道。

思思在白板上依次写下了：

人造、用电、不能随身携带、不知道是不是家用。

**图图**：是可以显示图像的吗？

众人：不是。

图图：是能发光的吗？

众人：不是。

图图：是教室有的吗？

众人：不是。

图图：我打断一下。请问图图同学，你现在根据我写下的内容，已经能够排除的物品有哪些？

人造、用电、不能随身携带、不知道是不是家用、不能显示图像、不能发光、不在教室里。

图图：首先不是厨房的电器，不是冰箱、洗衣机、空调、电视、吹风机、电脑、音响等家里常用的电器。也不是投影仪、电子屏幕、灯等教室里的电器。

思思：很好，思路非常清晰。继续提问。

图图：是常见的吗？

众人：是的。

思思：我保证大家都见过。

图图：是比这本书大的吗？

众人：是的。

图图：是比这个桌子大的吗？

众人：不是。

图图：是风扇吗？

众人：不是。

思思：好像很多人家里是有风扇的。

图图：哦。对对。

思思：你最好先确定是在什么场合用的？

图图：不是家用。那是商用的吗？

众人：是的。

思思：你们认为商用是什么意思？

维维：就是商务办公场合用的？

思思：哦。那是的。

图图：是电脑主机吗？

众人：不是。

思思：电脑主机家里也有啊？

图图：哦哦。又忘了。

思思：你再看一眼我已经写下的答案，再整理一下思路。

人造、用电、不能随身携带、不知道是不是家用、不能显示图像、不能发光、不在教室里、比书大、比桌子小、商务办公用

图图：是话筒吗？

众人：不是。

思思：为什么商务办公要用到话筒？

图图：开会啊！

思思：好吧。不过话筒的大小好像比这本书小啊。

图图：哦哦。是电话吗？

思思：家里也有电话的。

图图：那办公用的电器还有什么？是饮水机吗？

众人：不是。

图图：冷饮柜？

众人：不是。

思思：你的办公条件不错啊，什么都有！

众人笑。

思思：现在你应该尝试我们之前学过的发散式思考了。看看你能想到的办公室用品中有多少东西是用电的。

维维：好。哦对。是传真机吗？

众人：不是。

维维：是复印机吗？

众人：不是。

思思：很接近答案了。

众人笑，维维脸上露出了笑容，似乎已经找到了答案。

图图：是打字机吗？

众人：是的，不是！

思思：请问什么是打字机？难道你生活在80年代？

图图：那个东西不叫打字机。叫什么来着？打印机！对！是打印机吗？

众人：是的。

思思：恭喜你，答对了！

图图：老师，这也太难了。再说了，谁家还没有打印机啊？

思思：我家没有！

众人笑。

图图不高兴地嘟着嘴回到了座位上。

思思：其实一些人家里也有，关键是我们要严谨。因为毕竟很多人家里还没有打印机，把打印机归为家用电器确实有些不合适，但它确实属于办公用品。

众人点头。

思思：现在我们来回忆一下刚才的思路。

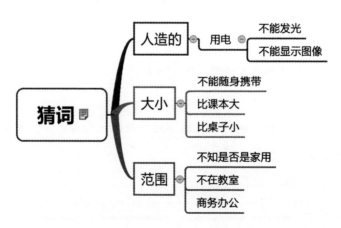

**思思**：如果我们在提问的时候，能够一边提问，一边根据大家的回答整理出这样的一张图，脑海中就能够更快地找到答案。大家现在看看这张图，是不是感觉思路就非常清晰了。

众人点头。

**思思**：其实这个游戏最错误的玩法，就是自己在脑海中预先有了一个答案，然后再通过提问来验证自己的答案。这时候往往会走很多的弯路，直到自己把自己的答案否定了。但是更糟糕的是，有人会在大脑中重新假设一个新的答案，来重复刚才的过程，继续验证。这样经常会离答案越来越远。刚才有没有人这样做？

众人有人摇头，有人点头。

**思思**：大家好像有些不服气。我们什么时候可以在大脑中来假定一个答案并通过提问来确认呢？就是范围已经缩小到一个很小的范围了。比如刚才已经缩小到了办公场所的电器。这时候我们就可以快速地提问：电脑、打印机、复印面、传真机、点名机……

**图图**：老师，点名机是什么？

**思思**：就是那种通过按指纹或者人脸识别来看谁迟到、谁早退的机器。

**维维**：老师，那叫考勤机。

**思思**：对！对！考勤机。比如我们已经把范围锁定在了水果，就可以快速提问：苹果、桔子、橙子、梨、桃子、西瓜、香蕉、荔枝、芒果……如果觉得水果太多的话，我们还可以通过形状、颜色、味道再进行分类和排除。

**维维**：老师，如果遇到我猜到那个东西了，但是跟答案的说法不一样，怎么处理？比如我猜到了是"电视"，但答案是"电视机"，这种情况我会不会错过这个答案。

**思思**：有这种可能。所以还有个办法，就是在猜答案之前，我们可以先确认答案是几个字。比如我们可以玩一个稍微难一点的玩法：猜人名。

**图图**：猜谁？

众人笑。

**思思**：就是我写一个人名，然后找一个人来猜这个人是谁？当然我写的人名肯定是大家都认识的人。否则如果我写一个我同学的邻居的大哥的二舅的外甥的三姑姥爷，估计这辈子是猜不出来了。

众人笑。

**思思**：不过这个人名可能是中国的，也可能是外国的；可能是现代的，也可能是古代的；可能是名人、领袖，也可能是历史人物或者网红。总之，肯定是90%的人都知道的人物。大家明白了吗？

**众人**：明白了。

**思思**：好。大家思考1分钟，先想想如何提问。

1分钟后。

**思思**：哪位同学愿意上来挑战？

没人主动，思思老师点名让维维上来挑战。

**思思**：你不用紧张，这只是个游戏。这回，这个人的名字我也不让大家看到，我会把白板转过去写在上面，防止大家觉得我随时改变答案。然后大家跟你一起猜，这个过程中大家也可以提示。看看众人合力能不能更快找到这个问题的答案。

思思老师把白板转过去，背对大家，然后写下了一个名字。（为了引导广大读者思考，在此也暂不公布答案。请读者朋友跟随提问与回答一起思考。）

**思思**：现在已经没有白板帮助大家把答案整理记录了。下面的同学可以拿出纸和笔，一边提问一边根据答案整理出思维导图。维维同学只能靠你聪明的脑袋来记录和整理了。

维维同学不好意思地笑了。

**思思**：维维同学，准备好了吗？

**维维**：准备好了。

**思思**：好。开始提问！

**维维**：请问是中国的吗？

**思思：**是的。

**维维：**请问是名人吗？

**思思：**是的。

**维维：**请问是唱歌的吗？

**思思：**不是。

**维维：**请问是演员吗？

**思思：**不是。

**维维：**请问是作家吗？

**思思：**不是。

**维维：**请问是网红吗？

**思思：**网红是什么？

众人笑。

**思思：**你应该先确认是什么年代的，比如是古代的，还是现代的；是还在世的，还是已经去世的；是男人，还是女人，然后你再来猜其他的内容。

**维维：**请问这个人还活着吗？

**思思：**不是。

**维维：**请问是古代的吗？

**思思：**不是。

**维维：**请问是近代的吗？

**思思：**不是。

**维维：**请问是现代的吗？

**思思：**不知道。我不知道近代、现代、当代是怎么划分的？

**维维：**请问是中华人民共和国成立以后的吗？

**思思：**是的。这个问法太聪明了。

**维维：**请问是科学家吗？

**思思：**不是。

**维维：**是作家吗？

**思思：** 不是。这个好像刚才回答过一次了。

**维维：** 哦。请问是政治家吗？

**思思：** 是的。

**维维：** 请问是国家领导人吗？

**思思：** 是的。

**维维：** 请问是毛泽东吗？

**思思：** 不是。

**维维：** 请问是邓小平吗？

**思思：** 不是。

**维维：** 已经去世的国家领导人……

**众人：** 孙中山！

**思思：** 孙中山似乎在中华人民共和国成立之前就去世了。

**众人：** 周总理！

**维维：** 请问是周总理吗？

**思思：** 算你们对了吧，不确切。我这说不对，估计你们猜不出来了。

**众人：** 人名！人名！周恩来！周总理不是人名，周恩来才是。

**图图：** 请问是周恩来吗？

**思思：** 恭喜！回答正确。

众人鼓掌。

**思思：** 如果在大家猜出是周总理的时候，我说"不是"，而且我不提醒大家，我想可能你们今天是猜不出来了。

众人点头。

**图图：** 老师，周总理和周恩来难道不是一个人吗？

**思思：** 是的。但是答案却不一样。我说了，猜人名。周总理并不是人名，而是一个职务的尊称，周恩来才是人名。所以，遇到这样的情况，大家觉得怎么解决呢？

……

**维维**：能不能这样问？请问有"总理"二字吗？

**思思**：聪明。其实对于很多的答案，我们可以加上无数的限制条件，这样就会让答案的范围越来越小。比如我们可以问：

---

请问答案是2个字吗？

请问是3个字吗？

请问是4个字吗？

请问是18463个字吗？

---

众人笑。

**图图**：18463个字，老师你在白板上写得开吗？

**思思**：写不开我可以写到你的后背上。

众人笑。

**思思**：其实还有更难的玩法，就是猜任意词语。比如我写一个词"发散"，那大家该如何猜起呢？大家思考一下，有没有什么比较好的思路？

……

**维维**：可以先问出词性。是动词吗？是名词吗？是形容词吗？是副词吗？

**思思**：不错，然后呢？

**维维**：然后问出是几个字。

**思思**：不错。但是如果我们现在确定答案是2个字，副词。下步怎么问？

**维维**：就问是用来修饰什么的？是修饰运动的吗？是修饰心情的吗？是修饰思想的吗？……

**思思**：可以，大家的思路变得越来清晰了。但是答案最后还是很难找到，因为它不像名词那样容易想起。大家谁还能想到更简便的解决方案？

......

众人思考之后，没有人想出更好的思路！

**思思：**告诉你们一种更简洁的应对思路吧。按照拼音字母进行拆分。最后一点点地拼出这个单词的拼音的全拼，答案就很容易找到了。

**众人：**哦！这也行啊？！

**思思：**对付特殊的题目，我们当然要用特殊的方法。

## 知识点总结

1. 什么是归纳性思维？

答：归纳性思维就是把很多已经存在的、杂乱无章的信息按照属性进行分类、整理、汇总的思维方式。用于对已有信息的整理，使其更有条理，更容易管理和应用。

2. 猜词游戏可以训练哪种思维模式？

答：猜词游戏主要训练分类思维（即归纳思维），对很多的物品或者词语按其属性进行分类。另外，猜词游戏也在一定程度上训练发散思维。因为猜词过程中的分类是对一些未知的物品进行分类，在很大程度上是边发散边分类的思维模式。

3. 为什么要训练二分法的分类模式？

答：因为二分法是最快的一种分类方式。在大部分情况下，可以通过二分法对物品快速地分类。比如：能吃的和不能吃的、用电的和不用电的、在现场的和不在现场的，等等。这种分类模式可以引领大脑在思考时快速根据实际情况进行简单的分类，当然并不是所有情况都必须用二分法。

4. 猜词过程中"不知道"的含义是什么？

答："不知道"有以下几种含义。一是问题涉及过于专业或者冷门的知识，回答者限于知识水平不能给出正确的回答。二是问题问得过于模糊，导致答案无法确定，出现有时候是肯定答案，有时候是否定答案的情况，或者有的人认为是肯定答案、有的人认为是否定答案的情况。

5. 猜词游戏最容易犯的错误是什么？

答：猜词游戏最容易犯的错误是首先假想一个答案，然后通过提问来验证这个答案。比如首先假想答案是"手机"，然后通过提问"是用电的吗？是能显示图像的吗？是能随身携带的吗？……"等问题来验证是不是手机。这种思路其实类似于假想自己买的那张彩票已经中了500万，然后就等着开奖时间一个一个数字地核对自己是不是中了。实际上中奖的概率接近于零。

6. 猜词游戏最正确的思路是什么？

答：猜词游戏的核心是查找答案的"分类归属"。即通过提问，不断缩小答案所在的范围。所以在提问时，要确保每次提问都能确定答案最小的一个类别。这就相当于把世间的万事万物全部画到一张思维导图上，然后通过一次次地提问，从一级分支开始，不断向下一级更小的分支查找下去，直到找到正确的答案。所以，提问的过程，实际就是确定应该沿着哪个分支继续查找的过程。

7. 归纳性思维还可以通过什么样的方式来训练？

答：归纳性思维还可以通过词语分类的方式来训练。通过随机词语软件或者相互出题，列出20个以上的随机词语，然后通过归纳思维对这些随机词语进行分类。可以专门训练二分法，也可以分为多个类。在分类时，一定要训练多层次分类，即分成的小类中如果词语的数量超过3个，就要对这些个小类继续分类。

---

**第二天的作业：**

找人玩猜词游戏，直到越来越熟练。

练习随机词语的分类。

# 第三天
# 学会手工绘图

DAY 3

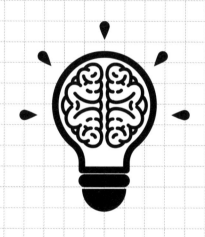

**主持人**：大家早上好！前两天我们学习了思维导图的两大功能。但是我们似乎还没有给大家讲过，思维导图应该怎么画。对吧？

**众人**：对。

**主持人**：那今天我们就来学习思维导图的画法。大家想不想画出一张既漂亮又清楚的思维导图呢？

**图图**：想！

众人笑。

**主持人**：那我们再次用热烈的掌声请出思思老师！

**思思**：大家早上好！我先问大家一个问题，大家见过别人画的思维导图吗？

**众人**：见过！

**思思**：是什么样子？

**图图**：像树枝一样！

**思思**：这个比喻非常贴切。思维导图确实有些像树枝，不过大自然的树枝是一律向上生长的，思维导图的树枝却是向四面八方生长的。那除了像树枝，大家感觉思维导图上还有哪些显著的特点呢？

**维维**：都有一个中心，然后就是向各个方向伸展的分支。

**思思**：很好。思维导图都有一个中心，我们管它叫"中心标题"。

**图图**：树枝上是用不同的颜色画成的，有红色的，也有绿色的。

**思思**：非常好。用不同的颜色来标识不同的分支。从现在开始，我们管树枝叫"分支"。虽然它长得特别像树枝，但我也不能一直管它叫树枝。对不对？

众人笑。

**思思**：大家继续思考，我们见过的思维导图上还有哪些内容？

**维维**：分支上会有字，有时候还会画一些卡通的图。

**思思**：很好。分支上会有说明性文字，我们管这些文字叫关键字。为什么叫关键字，我们一会儿再讲。在文字的旁边有时候还会画上一些有代表性的卡通图形。

**图图**：老师，也有不画图的思维导图啊？

**思思**：是的，不是每一张思维导图都有卡通图。这个和绘图者的习惯有关系，有些人喜欢用文字表达，有些人喜欢用图片表达。目的都一样，要能够表达清楚。大家想想，思维导图上还有什么特点呢？

……

**思思**：那好，我们现在来总结一下刚才大家归结出来的特点。

---

## 思维导图的绘画特点

一、有一个清晰的中心标题。

二、有几个向四周发散的主分支。

三、每个分支上还可以有更加细小的分支。

四、不同的分支可以标识为不同的颜色以区别。

五、分支上有简洁的关键字。

六、可以适当地配上合适的图片。

七、可以给主分支和次分支标上序号。

---

**思思**：我们来看一个例子（如下图）。

思思：我们一起来看看这张思维导图是不是符合上面我们提到的几个特点。

## 《水果》思维导图的特点

一、 有一个清晰的中心标题"水果"，还画了一个专门用来装水果的篮子。

二、 有5个向四周发散的主分支。

三、 每个分支上还有更加细小的分支。大部分又分了3个分支，也有分4个分支的。

四、 不同的分支标识为不同的颜色以区别。这张图共用了5种颜色。

五、 分支上有简洁的关键字。如"橘子、苹果"等主分支上的字，如"维生素、医生、鸡尾酒"等二级分支上的关键字。

六、配上合适的图片，如"夏娃、医生、椰子树"等。

七、可以给主分支和次分支标上序号。此特点在这张图中没有体会，对于有主次关系或者时间顺序、先后顺利等要求的，可以在主分支的关键字前面标识"1、2、3……"等序号。

**思思**：我们再来看另一张看上去有些杂乱的思维导图（如下图）。

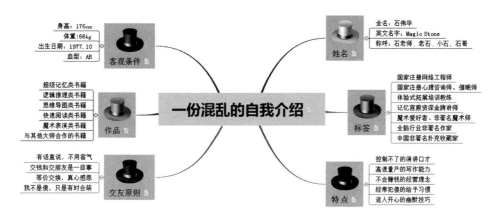

**思思**：这种风格的思维导图，看上去结构更加清晰，只是有些人说这种风格的导图不够美观。大家觉得呢？

**图图**：可是它很清晰。

**思思**：谢谢图图同学的夸奖。我之所以这样讲，是希望大家明白一个道理："思维导图不是美术课"。我们学习思维导图、画思维导图，最终的目的是要训练和改变我们的思维模式，从而提高我们思考问题、解决问题的能力。当然如果我们能把思维导图画得非常漂亮并没有什么坏处，但是如果仅仅是漂亮，对我们的思维能力没有帮助的话，就失去了思维导图本身的意义了。

**维维**：对，我觉得现在很多人都把思维导图当成美术了。

**思思**：是的。所以我们的重点是把思维导图画得更清晰，而不是画得更漂亮。

图图：老师，你是要教我们怎么画得更丑、更难看吗？

众人笑。

思思：只要你能画清晰了，想让它丑还是很难的。

## 什么是好的思维导图

思思：刚才我们一起讨论了思维导图绘画的几个特点。接下来我们一起来讨论一下什么样的思维导图算得上一张好的思维导图。我们分别从结构、布局、颜色、文字等几个方面来讨论。我们先来讨论第一个，思维导图的结构。

维维：老师你说的结构是不是分支的结构啊？

思思：是的。也就是我们在设计一张思维导图的时候，分支应该设计成几个？每个分支应该设计成几个下一级分支才是合理的呢？

维维：这个应该根据实际情况吧，难道这也有固定的要求吗？

思思：没有。只是当分支数量过多或者过少的时候，思维导图看起来就非常的不协调，而且不方便我们进行整理、分析和记忆了。

图图：我觉得4个分支最好。

维维：我觉得分成6个分支是最好看的。

思思：大家说得都有道理，我们先来看下面几张思维导图。下面我展示给大家的思维导图都是由24个最小分支组成的，我们来看看哪种结构更合理。

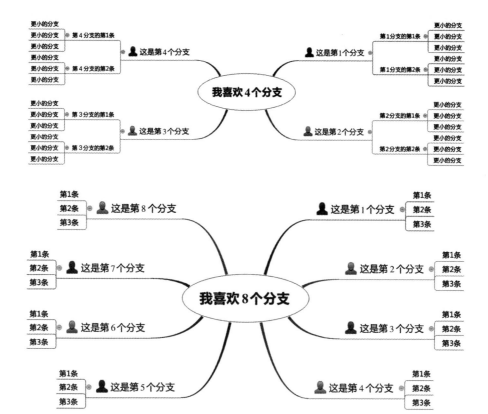

维维：我感觉都挺清楚的。

思思：那好，我们换成那种传统的树枝风格，大家再来看一下。

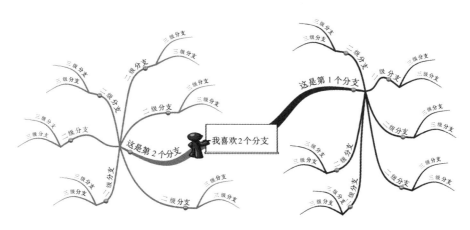

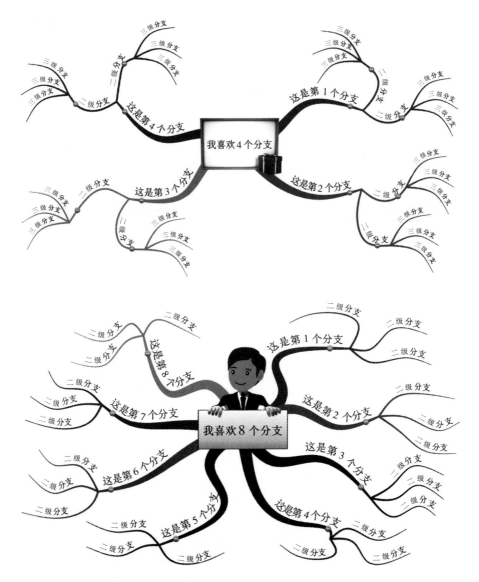

　　**思思**：大家现在看上去什么感觉？哪个看起来更舒服？注意，我问的不是漂亮。如果要说漂亮，我感觉最后一个更漂亮，因为它看上去像科幻电影里的场景，很像一个长了人脑袋的八爪鱼。

　　众人笑。

　　**思思**：我们单纯从便于清晰地整理出结构框架的角度来看，大家觉得哪种分类的方法是更清晰的？

众人：第二种！

思思：是不是4个分支的更清晰啊？为什么2个分支的不清晰呢？

图图：老师，我觉得2个分支也很清晰啊！只是看上去像是两个思维导图中间通过一个方框连在一起了。

思思：这个比喻非常好。如果把2个分支的图稍微作一下变形，把2个分支的主题变成2个中心标题，那就真的变成两张思维导图了。

维维：但是不可能所有导图都要画成4个主分支，那样对思维的局限性也太大了吧？

思思：是的。虽然4个分支看上去是最清楚的，但是我们真的不可能在思考的时候故意去只思考4个方面，这真的不太现实。所以我们的建议是思维导图的分支最好控制在3~6个。

图图：老师，为什么是3~6个？

思思：这很明显啊！因为如果低于3个分支的时候，就像"2"了。如果高于6个分支的时候，就像"8"了。

图图：老师，我觉得那个八爪鱼挺好看的呀！

思思：别忘了我们的目的，画思维导图不是为了好看，而是为了能让大脑中的思路更加清晰。只要你能保证在8个分支的情况下思路清晰，也是完全可以的。


## 画一张简单的导图

思思：接下来我们就来一起学习如何手工画一张思维导图。我们还是以之前我们一起做过的那个练习"钱可以用来做什么？"为例。

图图：老师，别折腾这个了吧，我又没钱。

思思：好吧，那我来换一个话题。

图图：好啊！好啊！

**思思**：人民币可以用来做什么？

众人笑，图图很不高兴地嘟嘟嘴。

**思思**：请主持人老师给每人发一张A4大小的空白纸，然后给每个小组发一盒彩笔。

**主持人**：大家拿到纸，先不要在上面写任何东西，因为我们这不是考试。好多人习惯性地拿到试卷先在上面写上名字。

**图图**：我们老师就要求我们这样。

众人笑。

**思思**：画思维导图的第一步，是写出思维导图的中心标题，并配上合适的图。这一步的关键是什么？就是中心标题必须在写在纸的中心位置，如果中心位置写偏了，画出来的思维导图就容易失衡了。大家知道怎么找到中心位置吗？

**图图**：我知道，我知道！把纸对折2次，十字折痕的中心就是纸的中心点。

**思思**：太厉害了，给图图同学一点掌声。没错，只需要把纸横竖分别对折，中间的交点就是中心点。是不是有人有强迫症，不喜欢纸被折叠过的样子？

**维维**：我就有。

**思思**：那可以只是在大约中心的位置轻轻按压出一折痕，这样既可以找到中心点，又可以保证纸张平整。

**思思**：找到中心点后，我们就要把我们的中心标题写到中心点上。写的时候，一定要估算一下自己整个思维导图要画多少内容，中心标题和配图占用多大的空间合适。比如我们现在只是画了个简单的《纸可以用来做什么？》，只要求画到二级分支（如下图）。

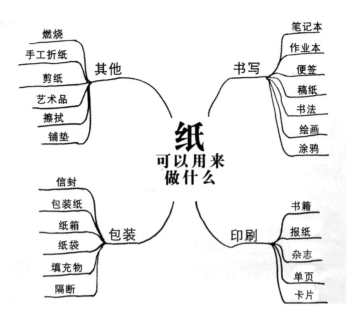

**思思**：第二步，为我们的中心标题适当配图。这个工作也可以放到最后。防止配图过大，导致后期整个版面显得拥挤（如下图）。

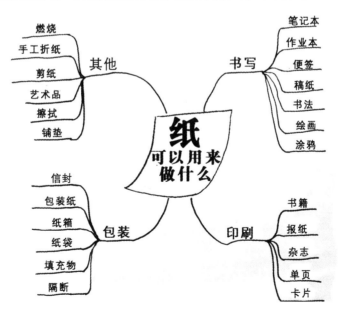

**思思**：第三步，写上分支的内容。此时有2种顺序，一是先写分支的文字，再画分支线，二是先画分支线，再写分支的文字。这2种有什么区别

呢？我们看看下面两张思维导图的对比，其中第一张是先画分支线，第二张
是先写分支的文字。

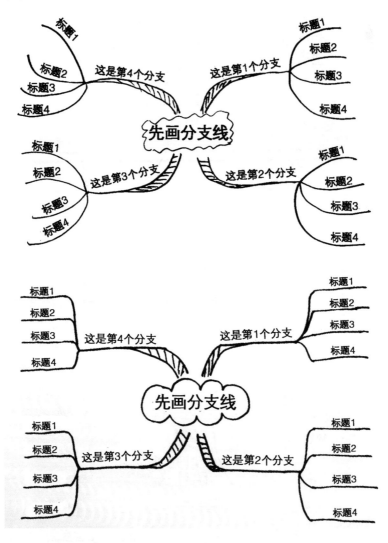

**图图**：老师我没发现有什么不一样呀？

**思思**：是不是还有些人觉得第一张看上去更加活泼，更有美感啊？

**图图**：对！

**思思**：那我们再来看看当整张思维导图都画满的时候，两种画法有什么区
别。同样的，下面的两张图，第一张是先画分支线，第二张是先写分支的文字。

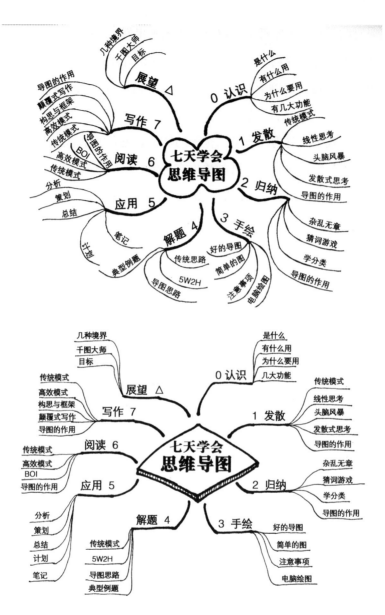

**思思**：大家现在对比一下，哪张图看上去结构更清晰？

**众人**：第二张。

**维维**：但是为什么现在大部分人画的图都像第一张呢？

**思思**：从美学的角度，第一张图更具有艺术性，看上去更像是美术作品。这一点我们不能否认，第一张图确实更漂亮，特别是展示给不懂思维导

图的人来看的时候，大家都会觉得第一张图画得好。

**图图：**那为什么我们不学着画成第一张图的样子呢？

**思思：**我们也可以画成第一张图的样子，这是完全可以的。我想表达的是，如果你更注重的是自己思维模式的内容，而不是为了画一张思维导图给别人看的话，我个人觉得画成第二张图的样子会更有助于思路清晰。

**维维：**不过我也觉得第一种画法更有美感。

**思思：**好的。我们暂且不讨论，尊重大家的意见。不过等到后面我们用到现场记录型的思维导图的时候，大家就知道这两种画法的优缺点了。为了让大家对这两种画法有更加全面的认识，我们来看一下这两种导图的绘制过程。

我们暂且管第一种绘制方法叫"漂亮型"，它的制作过程如下：

第一步：画出中心标题。

第二步：画出一级分支的曲线。

第三步：画出二级分支的曲线。

第四步：书写文字。

同样，我们暂且管第二种绘制方法叫"实用型"，它的制作过程如下：

第一步：画出中心标题。

第二步：写出一级标题。

第三步：连线、画出一级分支线。

第四步：写出第一个分支的二级标题文字。

第五步：连线、画出二级分支线。

第六步：继续下一个分支文字和连线。

······

**思思：**好。现在请大家选择自己喜欢的一种方式，把我们前面要求的，也是图图同学最讨厌的《钱可以用来做什么？》画出来。

众人笑。

## 绘画时注意的问题

**思思**：在画思维导图的过程，有些细节的问题我觉得还是要强调一下。虽然都是些很小的细节问题，但是对一张思维导图的效果还是起到很大的影响。

一、尽可能保证所有文字的字头都向上。

二、文字的使用要尽可能简洁，只写关键字。

三、从中心主题到分支，字号尽可能越来越小。

四、尽可能用自然的曲线，文字都在写到分支线的上面。

五、尽可能保证整张导图的布局均衡。

六、每一个分支只使用一种颜色。

七、适当地配图，但不能为了配图而配图，影响了整体的效果。

我们来看几张思维导图，对比一下效果。

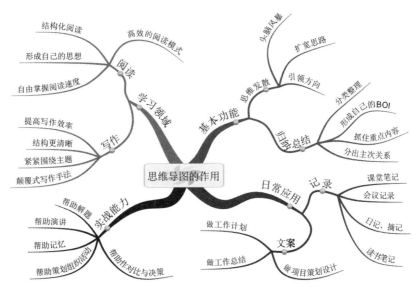

这是风格自由的思维导图。

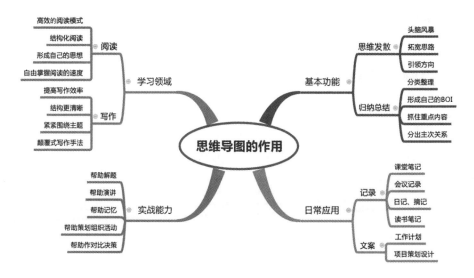

这是字头统一向上的思维导图。

下面3张是手绘的思维导图。

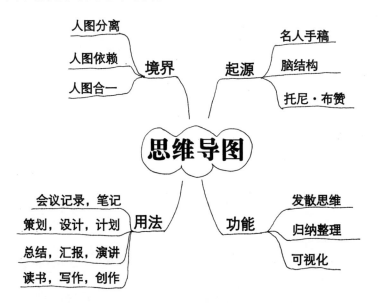

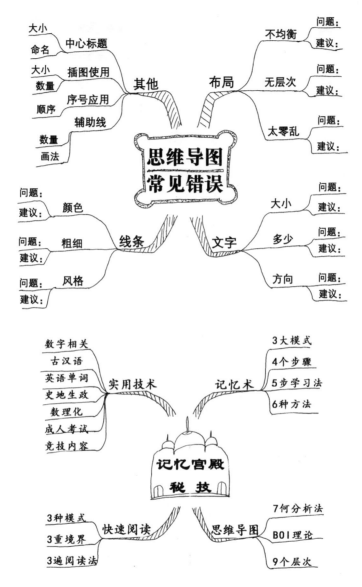

以下几张是思维导图绘制中常见的错误。

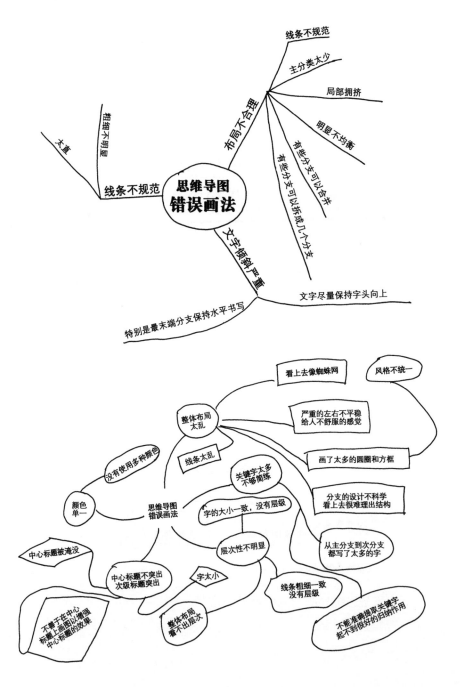

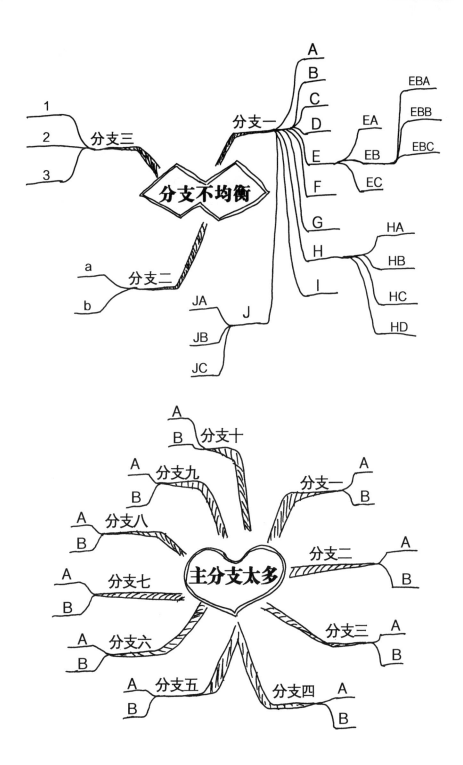

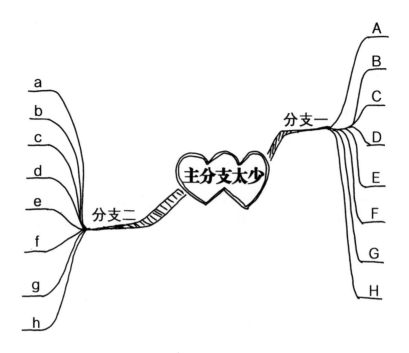

## 用电脑作思维导图

**思思：**现在不管是电脑端还是手机端，已经有很多思维导图的软件，有的制作出来的思维导图活泼好看，有的制作出来的思维导图整洁清晰。至于哪个好用，全看个人的喜欢。我们在这里只和大家一起讨论一下用电脑制作思维导图的一些好处。

**图图：**我知道，用电脑作图的速度快。

**思思：**快，只是很不重要的一点。有时候选择电脑作图，更重要的目的是"便于修改、便于保存、便于转化"。

**维维：**什么叫便于转化？

**思思：**不着急，我们一个一个来看。先来看"便于修改"。大家是不是觉得便于修改的意思就是写错了、画错了的时候可以删掉重新来。

**众人：**是。

**思思**：这只是修改的一个方面，其实我们用电脑修改的时候，更方便的一点是可以任意地调整思维导图的结构。比如我们看下面的这张思维导图。

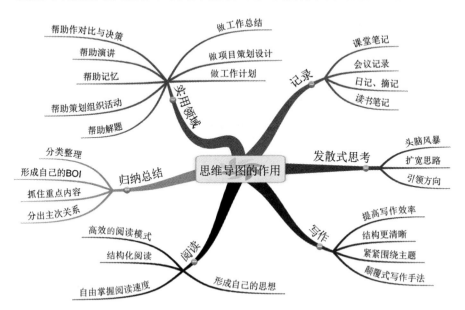

在内容不变的情况下，我们可以把结构调整成下图的样子。

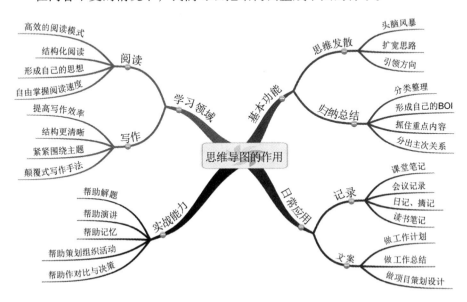

**思思**：在内容不改变的情况，我们完全打乱了原来的结构，重新设计了

思维导图的构架。这样的工作如果手绘的话，需要很长的时间。但是在电脑上修改，就变得容易得多了，只需要用鼠标轻轻拖动几次就完成了。

　　**维维**：但是电脑作图也有个坏处，就是想看的时候必须要开电脑。

　　**思思**：你可以打印出来啊！

　　**维维**：哦！

　　**思思**：其实现在也有很多非常不错的手机平台的思维导图软件，方便我们随时随地拿手机作图，也可以随时从手机上调出来观看。

　　**维维**：那就太方便了。

　　**思思**：电脑上的思维导图软件，有些还有一个很特别的功能，就是可以把思维导图自由地转换为鱼骨图、矩阵图、逻辑图、树状图、组织结构图等各种图形。其实图只是一种表现形式，甚至我们都可以不管它叫"思维导图"。归根结底还是一种东西。是什么？

　　**维维**：是大脑的思维模式。

　　**思思**：太对了。所以说图不是重点，重点一定是大脑思维模式的改变。

　　**维维**：不过这些功能在学习和工作中非常有用。有了这个软件，只要自己大脑中能有框架，随手一转换就可以完成。

　　**思思**：是的。其实用电脑和手机做思维导图还有一个好处，就是便于保存。我们随时可以拿出来用，而且还可以进行调用和组合。如果你是一位经常利用思维导图写作文的人，那通过电脑做出来的思维导图使用起来简直是太方便了。

　　**维维**：老师讲讲这个吧。

　　**思思**：关于思维导图写作的课程我们后面再做专门的讲解。这里我先给大家展示一下如何通过软件把一张思维导图直接转化成文章的目录。我们还是以上面那张思维导图为例：假如这是一篇我们准备完成的论文《思维导图的作用》，在我们通过思维导图构思完成之后，可以通过软件中的"导出"功能直接转化成如下文本文件。

# 思维导图的作用

| | |
|---|---|
| 基本功能 | 工作总结 |
| 思维发散 | 实战能力 |
| 头脑风暴 | 帮助解题 |
| 拓宽思路 | 帮助演讲 |
| 引领方向 | 帮助记忆 |
| 归纳总结 | 帮助策划组织活动 |
| 分类整理 | 帮助作对比决策 |
| 形成自己的BOI | 学习领域 |
| 抓住重点内容 | 阅读 |
| 分出主次关系 | 高效的阅读模式 |
| 日常应用 | 结构化阅读 |
| 记录 | 形成自己的思想 |
| 课堂笔记 | 自由掌握阅读的速度 |
| 会议记录 | 写作 |
| 日记、摘记 | 提高写作效率 |
| 读书笔记 | 结构更清晰 |
| 文案 | 紧紧围绕主题 |
| 工作计划 | 颠覆式写作手法 |
| 项目策划设计 | |

**思思：**有些软件还可以直接导出为带格式的Word文件。如下：

# 思维导图的作用

基本功能

  思维发散

    头脑风暴

    拓宽思路

    引领方向

  归纳总结

    分类整理

    形成自己的BOI

    抓住重点内容

    分出主次关系

日常应用

  记录

    课堂笔记

    会议记录

    日记、摘记

    读书笔记

  文案

    工作计划

    项目策划设计

    工作总结

  实战能力

    帮助解题

    帮助演讲

    帮助记忆

    帮助策划组织活动

    帮助作对比决策

学习领域

  阅读

    高效的阅读模式

    结构化阅读

    形成自己的思想

    自由掌握阅读的速度

  写作

    提高写作效率

    结构更清晰

    紧紧围绕主题

    颠覆式写作手法

  **思思**：有了这样的目录，我们再写文章的时候，直接在这个文件中一段一段地填空就可以了。

  **维维**：这个确实很方便。

# 知识点总结

1. 思维导图一定要画成从中心向四周发散的形式吗?

答:思维导图画成从中心向四周发散,是大家的一种习惯,也是比较适合人的审美的一种画法。实际上画成什么风格完全可以根据自己的习惯和喜好进行,也可以画成自顶端向下发散或者自左向右发散的风格。画成什么风格以方便自己思考、记忆为原则。

2. 在画思维导图的时候,纸张一定要横放吗?

答:选择纸张横放,主要是由于横放的画面会让人的视觉体验更舒适。但在实际应用的时候,可以根据自己的习惯和思维导图的内容设计来选择纸张横放或者竖放。当然,也可以选择正方形的纸张来绘制思维导图。

3. 在画思维导图时,应该设计成几个主要分支?

答:在画思维导图时,要设计几个主分支没有固定的要求,只是从便于记忆和便于思考的角度,建议设计成3~6个分支。如果少于3个分支,可能会使下层的分支内容过于复杂。如果主分支数量超过6个,可能显得杂乱,不便于更好地厘清逻辑关系,也影响审美。

4. 在画思维导图时,对文字有何要求?

答:写在思维导图上面的文字,要尽可能精简。特别主分支上的文字,一定只写关键字,而不能写冗长的句子。对于次分支上的文字,也要尽可能只写关键字。这样做的目的就是使思维导图起到提纲挈领的作用。

5. 思维导图上面的文字一定要保持字头向上吗?

答:并没有强制性的要求。只是在书写和设计分支线条的时候,要尽可能保持线条水平,这样可以尽可能保证文字字头向上或者基本向上。可以向左右方向稍有倾斜,但应尽可能避免字头完全向左或者向右的情况,更要绝对避免字头向下的情况。

6. 思维导图一定要画成彩色的吗？

答：思维导图是不是要画成彩色的，要看绘画的条件和用途。如果是临场的笔记或者只是记录偶尔的灵感的思维导图，可以只用黑色或者单色的笔来完成。如果是为了展示给他人看，还是绘制成彩色更合适。

7. 思维导图上一定要配图吗？

答：除了临时的思维导图外，正式的思维导图建议至少为中心图片配一个简图。如果有能力，建议给每个主分支配一个简单的示意图。如果特别喜欢并擅长画画，可以用简图来替代次分支的关键字。

8. 思维导图的分支线一定要画成曲线吗？

答：如果思维导图的所有分支线都画成直线的话，思维导图会显得特别生硬。如果把主分支以及分支线的连接部分画成弧线，就会使思维导图生动很多。擅长绘画的朋友可以按照自己的想法将分支线画成自由的模式。

9. 思维导图的分支线颜色使用上有何要求？

答：如果要使用彩色的分支线，一定要保持每个分支的颜色是统一的，即每个分支从主分支到次分支向下都要使用同一种颜色。

10. 思维导图分支线上文字颜色有何要求？

答：分支线上的文字建议统一使用黑色或者深蓝色，不建议使用与分支线相同的颜色。因为某些彩色的文字不够清晰，会影响阅读时的体验感。当然更不建议使用五彩缤纷的文字颜色，这样虽然看上去颜色丰富，但会使思维导图显得杂乱，而影响思维导图的逻辑清晰度。

11. 思维导图的主分支上一定要标序号吗？

答：思维导图的主分支上要不要标序号，主要看主分支的内容是不是有严格的顺序。如果主分支的内容有严格的顺序，就必须标上序号。如果没有严格的顺序，序号可标可不标。

12. 思维导图的第一个主分支一定要画在一点钟的位置吗？

答：把第一个主分支画在一点钟的位置完全是大家的一种习惯，并没有严格的要求。对于主分支的次序和位置的对应关系，有人喜欢顺时针，也有人喜欢逆时针，还有人喜欢拆线式设计。

13. 完成思维导图的主要内容后，一定要进行后期的修饰吗？

答：思维导图是否需要进行后期的修饰，要看思维导图的用途。如果是用于教学、展示或珍藏的思维导图，建议花时间做一些必要的修饰。如果只是自己临时使用、帮助思考和整理思路的思维导图，没有必要进行修饰。

14. 在绘制思维导图时，布局、美观、内容何者最重要？

答：思维导图的核心用途是"图形化思维工具"。既然是工具，就要考虑实用性。画思维导图的目的就是帮助我们思考，如果思考能够顺利地完成，思维导图就是多余的。思维导图一定不是为了画出来给别人看的，因此首先要考虑的是思维的全面性、完整性、逻辑性。当然，如果思维导图内容特别多的时候，如果一点美感也没有，特别杂乱无章，在一定程度上也会反过来影响自己的情绪和思考的结果。所以在绘制思维导图的时候，适当地兼顾一下美观也是有必要的。

15. 思维导图的层级有限制吗？

答：思维导图最多有多少个层级，并没有严格的限制，但建议不要超过5层。因为当层次很多的时候，势必会让思维导图显得特别繁杂、拥挤。当密密麻麻得全是细小分支的时候，无论怎么设计和布局，都会显得特别杂乱。所以，当思维导图内容过多时，建议分成几个思维导图来做。一张总的思维导图，几张分内容的思维导图。

16. 在制作思维导图时，选择手绘还是电脑制作？

答：在制作思维导图时，是选择手绘还是电脑，主要看制作的目的。如果是临时性思考，可以随手在纸上画一下就可以了。如果是读书笔记、重要的思路、方案等需要长期保存的内容，建议用电脑来制

作。电脑制作的思维导图相对显得死板，但是清晰。手绘的更灵活，但制作时间长，不便于复制和修改。

17. 为什么在使用思维导图写作时，更建议用电脑作图？

答：如果是考试现场的作文，肯定是不能使用电脑作图的，只需要在草稿纸上画个简单的草图即可。如果有条件使用电脑，建议通过电脑来制作写作框架的思维导图。因为电脑制作出来的思维导图可以直接转换成文本文件或者带层次格式的Word文档，便于下一步的创作。

18. 思维导图上面的文字一定要写到分支线上吗？

答：一般情况下建议把文字写到分支线上，特别不提倡分支线指向文字。主分支上的文字可以加方框或者其他的装饰线条来突出。二级及以下分支不建议加方框，分支线应尽可能保持水平方向，文字写到分支线上方，这样可以保证文字的字头基本向上。这样的设计便于书写和阅读。

19. 鱼骨图、矩阵图、树状图与思维导图是什么关系？

答：无论是鱼骨图还是矩阵图、树状图、组织结构图，都是思维导图的一种变形。这只是为了适合不同场合的需求而设计的不同形式，其核心仍然是结构化、发散式思维模式。只是在表面形式上，有的是从中心向四周发散（标准的思维导图），有的是沿一条线向四周发散（鱼骨图），有的是自上而下发散或者自左向右发散（树状图）。但不管如何发散，其逻辑结构是一样的，只是用不同的风格展现出来。

---

**第三天的作业：**
画一张自我介绍的思维导图。

# 第四天
# 学会解决问题

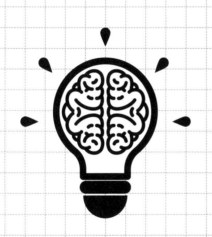

**主持人**：同学们，前几天我们已经学习了思维导图的一些基本思路和方法，还学习了如何画思维导图。从今天开始，我们将学习如何应用思维导图，包括如何用思维导图帮助做好日常的方案性工作、如何用思维导图来学习和阅读、如何用思维导图来帮助写作等内容。大家想不想学呢？

**众人**：想！

**主持人**：那好，让我们以热烈的掌声，请出我们的思思老师继续为大家上课。

**众人鼓掌。**

## 传统的解题思路

**思思**：谢谢大家的掌声！从这节课开始，我们就要来学习如何应用思维导图了。之前我们学过一些基本的思维方式，还学了如何来画思维导图。但是当我们遇上一个问题的时候，不管我们能把思维导图画得多好，如果不能帮助我们把问题解决掉，那思维导图的意义仍然不大。

**图图**：那我们为什么还要学思维导图？

**思思**：是啊，所以我们必须要学会用思维导图来解决问题啊！

**图图**：哦！老师，思维导图能帮我做作业吗？

**众人笑。**

**思思**：这个还真可以。

**图图**：哪？真的吗？！

**思思**：是的。当我们不能很好地厘清自己的思路的时候，思维导图的作用就会体现出来了。

**图图：**这个好，这个我要学，老师你快讲吧！

**思思：**别急，我们先来看一个奇怪的题目。

---

一只熊不小心掉进了陷阱。已知陷阱的深度为19.617米，下落时间正好为2秒。请问这只熊是什么颜色？

---

**图图：**老师，你有没有搞错啊?!

**思思：**大家别激动。这道题的确是有标准答案的。再看看下面这道出现在某小学数学考试中的题目。

---

一只船在大海中航行着，船上载有67头牛和32只羊。请问船长的年龄有几岁？

---

**众人：**……

**思思：**当我们遇上这样的题目，是不是觉得特别的无厘头啊？

**众人：**是。

**思思：**如果在考试中确实遇到了这样的题目，我们该如何回答呢？

**图图：**加减乘除胡乱写，反正不能空着。

**众人笑。**

**思思：**是的。当我们遇到这样的问题，往往会没有思路。其实，这两道题目都是有标准答案的，而且是确实让人信服的答案。

**众人：**哦!

**思思：**那好，现在大家都来思考一下，这两个题目应该如何回答。大家可以随便想，所有你认为有道理的思路都可以。

**图图：**老师这也太难了吧?!

**思思：**赶紧思考，一定会有办法的。

**图图：**那我只能胡乱写了。

思思：胡乱写，如果能写对了，也是一种能力啊。

维维：图图同学，不要着急。这样的题目大家都不会。

思思：是啊。大家可以先想想，有什么思路或者说突破口。虽然看上去题目的已知部分和最后的问题似乎没有一毛钱的关系，但是既然这么问，肯定是有它的道理。那我们该怎么办呢？

众人：……

思思：大家先努力思考，我们先不解开这个谜底。因为我想看看哪位同学能够打破思维模式的束缚，真正做到思维解放。

……

维维：老师，问船长年龄那个题目，我似乎有些思路了。

思思：说来听听。

维维：但是也只是一个大约的年龄，没有具体的数字。

思思：没关系，说来听听，大家一起讨论一下。

维维：我觉得最终的答案肯定与前面的牛和羊的数量有关系，不然这些信息不会在题目中出现。

思思：然后呢？

维维：如果把这两个数字相加，得数是99，这肯定不是船长的岁数。因为不可能有这么大年龄的船长。

思思：嗯。

维维：所以，我觉得应该是把前面的两个数字相减。67-32=35（岁）。至于这么减有什么道理，我也不知道。

众人笑。

思思：看来和图图同学的思路是一样的，就是蒙。

众人笑。

思思：好吧，我们来看看一些解题思路。

---

答案一：由已知条件，无法推算出船长的年龄。

答案二：由于船长有强迫症，所以凡事都喜欢用自己的生日。于是我们可推断出船长的生日为1967年3月2日。所以船长的年龄为2022-1967＝55岁。

答案三：船长的年龄大于18岁。因为18岁以下未成年禁止驾驶轮船。

---

思思：同学们，大家觉得别人的答案如何？

图图：老师，我觉得他们的答案都不对。如果我这样答，我们的老师肯定不给分。

维维：好像没有道理啊？

思思：那好，我们来看看，如果用思维导图，类似这样的题目应该如何来解。

## 思维导图的解题思路

思思：首先我们想，如果这是条小船，而且船上只有一个人，那肯定无所谓什么船长不船长的了。既然是船长，那应该是被机构认证过的有资质的船长。

图图：为什么不能是一个人？

思思：好吧。我们先按已知的条件来推算一下，这条船有多大？

---

已经条件：船上有67头牛和32只羊。

根据这个已知条件，我们可以推算出目前船上货物的重量大约有$x$吨。根据$x$吨可以推算出这条船的吃水量（吨位大小）应该是$y$。

根据船的吨位和相关的法律规定，我们可估算出这个船长要想取得这种级别的船的驾驶资质至少需要多少年。按船长从18岁开始计算，就可以估算出船长的年龄至少为多少岁。

然后再根据相关的规定，超过多大年龄以后，就不再允许驾驶这种级别的船。

最后得出结论：船长的年龄应该在多少岁至多少岁。

---

**思思**：大家看了这样的解题思路，什么感受？

**维维**：佩服！不过老师，这多少有些胡扯的成分吧？

**思思**：先不讨论答案的真实性。我们多学习一下别人的解题思路！现在我们把上面的思路转成一张思维导图。

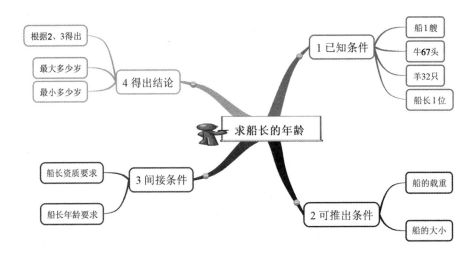

**维维**：哦。

**思思**：好了，那我们再来思考一下第一个问题的思路吧。那只熊是什么颜色的？

**维维**：我多少有些思路了。是不是要根据不同颜色的熊的习性来得出答案？比如，哪种熊有探索和预知陷阱的能力，哪种熊经常会掉进此类的陷阱。

**思思：**不错，大家终于可以脑洞大开了，那就开始吧！

**图图：**老师，我还是没有思路啊！

**思思：**没关系。如果大家还是毫无头绪，那么我们就一起来看看别人的答案，看看如何从有限的线索中找到可利用的条件。我们先来看看已知条件有哪些？

**图图：**19.617米、2秒。

**思思：**不错，还有呢？

**图图：**没有了。

**思思：**大家再仔细想想，还有哪些已知条件？

**图图：**熊。这算一个吗？

**思思：**是的，还有呢？

**图图：**陷阱也算一个吗？

**思思：**当然算。其实还有，大家继续从原题中去挖掘。

---

　　一只熊不小心掉进了陷阱。已知陷阱的深度为19.617米，下落时间正好为2秒。请问这只熊是什么颜色？

---

**思思：**大家再看一遍原题，对题目中的每一个词都去挖掘一下试试，看哪些词语还能成为可利用的条件。

**维维：**老师，我突然觉得19.617米这个数字很怪异，为什么不说是19米或者20米呢？这里面肯定有文章可做。

**思思：**是的，这是非常关键的点，大家继续观察，看还能发现什么？

**维维：**根据距离和时间可以求出速度啊！

**思思：**是的，但这个速度是什么速度呢？

**维维：**什么速度？就是熊下降的速度啊！

**思思：**好吧，我们换一种思路。按照之前我们学过的思维导图思考的方法，我们现在对所有的已知条件进行发散思考。比如我们先对"熊"进行发

散式思考。

**众人：**……

**思思：**如果大家还没有思路，我们可以先来看一段与熊有关系的文字。思思老师在投影屏幕上展示了世界上各种熊的资料。

众人读材料10分钟。

**思思：**同学们都看完了吗？我们从中可以得到哪些与这道题目有关系的信息呢？

**维维：**我觉得最有用的应该是每种熊的特点和分布的区域。

**思思：**非常好，这正是我们所需要的。现在我们是不是可以根据上面的材料和自己的思考归纳出一张和熊有关系的思维导图呢？由于课堂时间有限，下面我直接给出一张画好的思维导图。有兴趣的同学（以及读者朋友们）可以在本堂课结束后自己尝试制作思维导图。

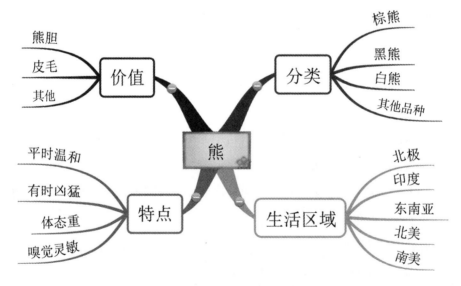

**思思：**我们用同样的方法对"陷阱"进行发散式思考。

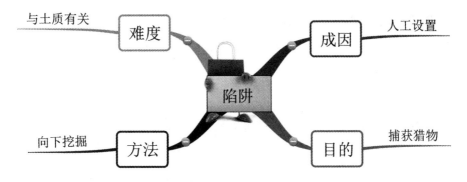

**思思：**对速度进行发散式思考。

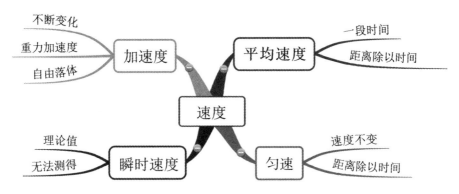

**思思：**有了上面的几张思维导图，我们现在要做的工作，就是从上面的一堆内容中找到对本题有用的点。并且看看他们之间有什么关联。

**维维：**已知陷阱的深度和熊下落的时间，可以求出重力加速度。

**思思：**非常好。

**维维：**但是求出重力加速度如何知道熊的颜色呢？

**思思：**我们可以接着进行发散式思考。重力加速度和什么有关系呢？

**图图：**老师，我们都没学过这些。这都是什么东西啊？

**思思：**没学过没关系，我们来看一个公式。

---

$g=9.7803（1+0.0053024\sin^2\psi-0.000005\sin^2 2\psi）$ m/s$^2$

$\psi$ 为物体所在处的地理纬度。

例如，在赤道 $\psi=0$，$g=9.78$m/s$^2$，在两极 $\psi=90°$，$g=9.83$m/s$^2$。

---

**思思**：这个理论在物理学上我们应该有过接触，只是没有精确地计算过。我们现在只需要知道一点就可以，就那是：重力加速度的值与所处的地理位置的纬度有关系。

**图图**：可是求出这个有什么用呢？

**维维**：我明白了，如果求出了重力加速度，我们就知道了这个陷阱所处的地球纬度了。然后我就可以限定熊所在的区域了。

**思思**：太对了。照着这个思路思考下去，我们这个问题马上就能解开了。

**维维**：那下一步怎么办？

**思思**：大家再思考2分钟，不需要大家给出确切的答案，只要给出解题的思路就可以。

……

**思思**：大家来看我根据某位学霸的解题过程总结出来的一张思维导图。

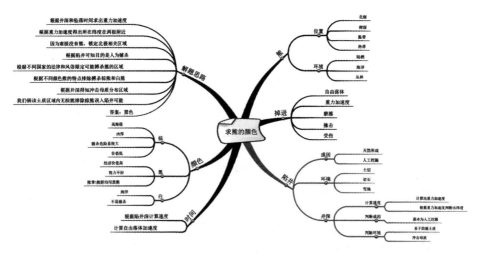

**思思**：我们根据上面的思维导图，总结一下这道题目的解题过程。

---

第一步：根据物理知识，由已知条件中的深度19.617米和下降时间2秒，算出自由落体的加速度为9.8085。

第二步：根据地理知识，查表得出此地的纬度值为44度。

第三步：根据地理及生物学知识得知南半球在这个纬度没有熊，所以确定此地点在北纬44度附近。

第四步：根据地质学知识，便于挖出深度达19.617米陷阱的土质应为冲积母质，进一步缩小范围。

第五步：根据生物学知识，棕熊多生活在高海拔地区，且棕熊生性凶悍，人为捕杀的危险性大。

第六步：根据市场学知识，黑熊的经济价值高，主要用于取熊掌和熊胆。

第七步：根据政治学和法律知识，敢于捕杀熊的国家和地区，只适合黑熊生存。

经验证，只有黑熊符合以上特点，所以这只熊是黑色的。

---

**思思**：大家感觉如何？

**维维**：确实是学霸。

**图图**：老师，这绝对不是真的。

**思思**：不要纠结这是不是真的，我们应该学习的是解题的思路。

# 一个典型的例子

**思思**：现在我们来看一道物理题。

---

将一个塑料瓶装满水，然后把盖子盖好，用一把枪朝塑料瓶开一枪。请问结果是：

A：水从子弹的出口喷出

B：瓶子向四周炸开，水向四周喷出

C：水向前方的上下左右喷出，但不会向后喷出

D：水会从上下喷出

---

**思思**：大家看了这个题目，不知道有什么思路？

**图图**：我选A。

**思思**：我先不说你的答案对不对，我要的是解题的过程和思路。

**图图**：因为子弹的方向是向前的，所以水肯定是从子弹的前面的出口喷出。

**思思**：听起来也很有道理，其他同学有什么不同的意见。

**维维**：我觉得应该先考虑一下，从哪几个方面去思考。

**思思**：是的，就是思维导图的思路。先把可能跟问题有关系的点想到，然后列出来。

**维维**：我觉得有用的因素有塑料瓶、水和子弹。

**思思**：很好，那我们就以这3个点去发散，看能想到有多少知识点和题目本身有关系。

**图图**：这怎么发散啊？

**思思**：想想我们之前绘制思维导图的方法，下面是一张示例，大家可以尝试着自己画张思维导图分析一下。

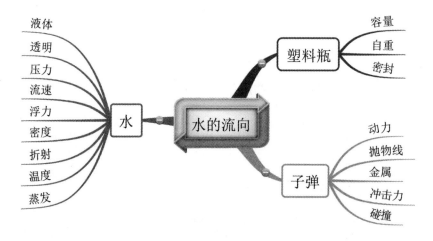

**思思：**我们把上图中跟方向有关系的全部圈出来（见下图）。

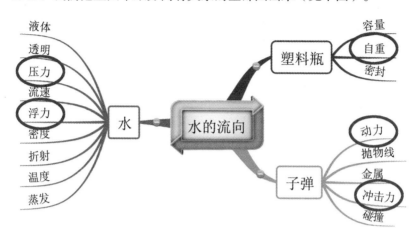

**思思：**上图中，没有被圈出来的部分肯定对答案不会有影响，比如瓶子的容量、水的密度等。所以，接下来，我们可以把上面的思维导图作一下变形，变成下面的样子。

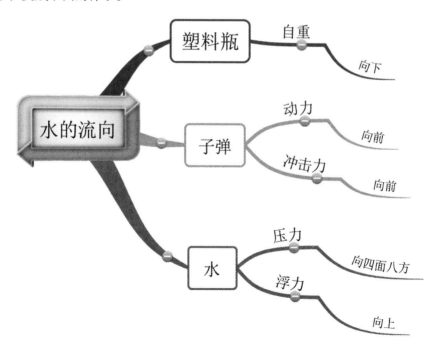

**思思：**上图列出了所有与方向有关系的参数。由题目我们可以看出，不

管是自重还是浮力对水的作用，对答案的影响也是微乎其微的。水的喷溅主要是由于子弹对水的挤压作用，让水在瓶子内部产生很大的压力，这个压力的方向是向四面八方的。因此，这个题目的答案应该选B。

# 5W2H法则

思思：我们再来看看目前国际上比较流行的一种思考问题的方法，叫"七何分析法"。有人听过吗？

图图：老师，几何分析法是不是通过画几何图形来分析啊？

思思：是"七何"分析法。

说完，思思老师在黑板上写下"七何"两个字。

维维：是不是指"何时、何地、何人"这些东西。

思思：太对了，具体包括哪七何呢？

维维：我想想。应该是"何时、何地、何人、何事"，还有什么？

图图：是不是还有"为何"？

思思：是的。其实如果用"5W2H"来表达，可能更容易记忆。

| | |
|---|---|
| When | 什么时候 |
| Where | 在什么地方 |
| Who | 什么人 |
| What | 什么事 |
| Why | 为什么 |
| How to | 怎么办 |
| How many | 有多少 |

思思：我们在考虑问题的时候，只要按照"5W2H"法则来思考，基本

就能覆盖到问题的各个方面。特别对于思考一些无从下手的复杂问题，这一法则会有很大的帮助。接下来我们用一个例子来说明"5W2H"的用法。下面几个问题都是我们日常生活中比较头疼的问题。大家可以任选一个问题出来，看看面对这样的问题应该如何思考。

1. 如何追求一个漂亮女生？

2. 如何让自己成为一个有钱人？

3. 如何策划一场演讲？

4. 如何组织一场公司年度联欢？

5. 如何成为一个学霸？

6. 如何教育好我的孩子？

7. 如何应对一次考试？

**思思：** 大家比较喜欢哪个题目？我们一起来分析一下。

**图图：** 哪个也不喜欢。

众人笑。

**图图：** 老师，老师，我喜欢"如何让自己成为一个有钱人？"

众人大笑。

**维维：** 如果让我选，我肯定选"如何教育好我的孩子？"，但是我估计其他人不喜欢这个话题！

**思思：** 那我们来选一个适合于各种年龄、各种身份的吧！

**维维：** "如何成为一个学霸？"

**思思：** 这的确是很多人都感兴趣的。那应该怎么成为学霸呢？

**图图：** 老师，我们能选第7个话题吗？"如何应对一次考试？"因为我们马上就要考试了。

**思思：** 好啊，我们就满足你这个请求。不知道大家有什么意见？

**众人：** 没意见！

**思思**：那好，大家现在按照之前讲过的思维导图的思路和"5W2H"法则，来详细地思考一下，到底应该如何应对一次考试。

**图图**：太棒啦！

**思思**：大家先自己认真思考，然后画出思维导图，看能不能整理出非常清晰的思路。

2分钟后。

**思思**：我看有些同学还是没有思路，我再来简单说一下"5W2H"是如何思考的。

**图图**：好。

**思思**：首先，把我们的题目拆分开，然后分别从"七何"这七个维度逐个进行发散式思考。比如，对于"Who"这个维度，我们就要想想，究竟有哪些人与这次考试可能发生关系。大家先来思考这一个维度。

**图图**：我自己与考试有关系。

**思思**：不可能只有你自己一个人吧，还有呢？

**图图**：老师也有关系。

**思思**：很好，还有呢？还有什么人可能会与考试发生关系呢？

**维维**：家长，爸爸妈妈。因为最后他们会看到考试的成绩。

**思思**：不错，还有其他人吗？

**图图**：同学好像也有关系吧？因为别人的成绩会影响自己考试的名次。

**思思**：很好。大家有了这样的思路后，就可以进一步思考他们分别与考试有什么样的关系，会对最后的结果产生什么样的影响等。

**众人**：噢！

**思思**：同样的道理，我们可以再对时间、地点、原因等其他的六个维度进行同样的思考，最后就可以把影响这次考试的诸多方面都考虑到了。

**图图**：老师这也太麻烦了，好多东西根本没有用啊！

**思思**：是的，我们在进行发散式联想的时候，并不是联想到的每一个因素都有作用。但是在思考的过程中，千万不要轻易地事先认为"这个没有关系"。你怎么能这么确认某个因素没有关系呢？先列到思维导图上，后期在进行归纳整理的时候，我们再做决定。

**众人**：明白了。

**思思**：大家刚开始的时候，可以直接把思维导图画出七个主分支，就是我们要思考的这七个维度。这样便于看清楚自己的思路。好，现在大家继续思考。

10分钟后。

**思思**：我来把大家的思路归纳总结一下。

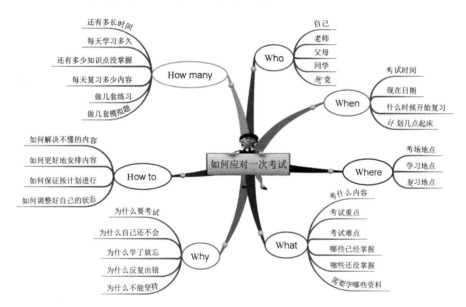

**思思**：上面的思维导图只是我们思考时的七个维度，我们现在把从这七个维度思考出来的问题重新归纳整理。大家可以来讨论一下，我们可以从哪些方面来准备如何应对一次考试。

**维维**：我觉得可以从考试内容、时间安排、心态调整等几个方面准备。

**图图**：我觉得从每天几点起床复习、复习几页、不会的问老师等准备。

**思思**：很好。大家可以按思维导图上的内容进行分类整理，很快我们的

思路就出来了。

**维维**：是的。这样来看，确实要比凭空思考清晰很多，但是还需要进一步地整理和归纳。

**思思**：是的，下面是一张经归纳整理后，重新画思维导图。

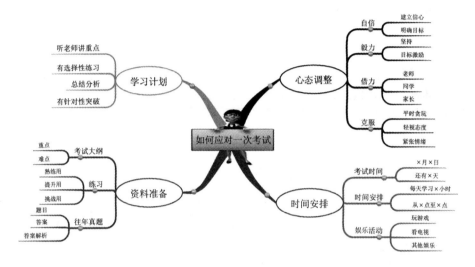

**维维**：老师，我有个问题。

**思思**：请说。

**维维**：从上面的几个例子我发现，我们用思维导图思考问题，都要画两张甚至好几张思维导图。必须要这样做吗？

**思思**：实际上是没有必要的。我之所以这样做，是为了引领大家思考，让大家理解和养成用思维导图思考问题的思维习惯。如果不是为了表达出来让别人明白自己的思路，仅仅是自己思考问题、解决问题，可以一次性形成上面的思维导图。

**维维**：那怎么画？比如考试这个问题，似乎两张图是完全不一样的啊？！我们在画的时候是按第一张图的结构还是第二张图的结构呢？

**思思**：其实第一张思维导图只是我们大脑中思考的维度，也就是将我们七个维度上出现的信息用思维导图展示了出来。实际上我们在画思维导图的时候，可以先按第一张图思考，只要我们的思维能够保持清晰就不需要画成思维导图，然后直接按第二张思维导图的结构来画，抓住有用的点画到图上适当的位置。这样实际上就直接形成了第二张思维导图。

**维维**：哦！这样一讲就明白了。我还以为每次思考问题都要画好几次呢?！

**思思**：一般不需要。但是有时候遇上特别复杂的问题的时候，也有可能需要几次才能把思路完全厘清。不过我们没有必要画得这么认真、这么好看。因为，还是我之前讲过的那句：思维导图重在思维，而……

**众人**：不是图。

**思思**：太对了。实际上，很多真正的思维导图高手的手稿外人是根本看不懂的。一是看上去乱作一团，二是根本不知道他们写了些什么。因为他们在画这些导图的时候，只是为了随手记录大脑中一闪而过的想法。当解决问题的思路已经非常清晰，并形成了完整的条理框架，那思维导图的使命也算是完成了。

**图图**：那为什么我们还要力求把思维导图画得漂亮呢？

**思思**：画得漂亮点有两个主要的原因。一是便于以后自己复习回忆；二是为了让第三者看到导图的时候能有更清晰的理解，便于把自己的思想和观点传达给别人。

**维维**：是的，如果老师想用思维导图给学生讲课，必须要画得既清晰又好看。

**思思**：是的，所以如果既有思路又有美感，当然是最好的。

---

## 知识点总结

1. 为什么说思维导图能帮助解决问题？

答：当问题非常复杂或者无从下手的时候，就可以借助思维导图的发散功能、归纳功能等对问题进行分析，逐步厘清问题的头绪，以达到最终给出解决方案的目的。

2.什么样的问题不适合用思维导图?

答:纯记忆类的简单问题,简单的数学计算问题等。总之,问题所涉及的头绪非常少时没有必要用思维导图,否则就有些画蛇添足的意思。

3.请问"熊是什么颜色"的题目是真的吗?

答:题目真假不重要,重要的是我们通过这个题目的解题过程,学会了一种看上去无解类型的题目的解题思路。学会通过发散思维找到题目解决的突破口,学会利用归纳思维厘清解决问题的逻辑关系,最终推理出问题的答案。

4.数学问题可以用思维导图来帮助解答吗?

答:思维导图并不能产生新的知识,只能帮助你厘清大脑中已经有的知识的逻辑性。也就是说,如果这个数学问题涉及的定理、公理是你还没有学过的或者没有理解的,那么这时候思维导图是帮不了你的。因为思维导图不可能让你的大脑自动形成所需的这些定理。但如果这个题目可能用到之前已经掌握的几个定理的综合应用,这时候思维导图就能起到帮助整理思路的作用。

5.什么是"七何分析法"?

答:七何分析法,又称"5W2H"法则。七何即"何人、何时、何地、何事、何因、何法、何果"。

6.什么是"5W2H"法则?

答:"5W2H"是分析问题的七个维度。所谓5W,即"Who,When,Where,What,Why"。所谓2H,即"How to,How much",也即"什么人、什么时间、什么地点、做什么、为什么、怎么做、有多少"。

7.是不是所有的问题都需要从这七个维度去思考?

答:并不是所有问题都会涉及这七个维度,有些简单的问题可能只涉及四五个甚至两三个维度。但是如果我们对任何问题都试图去用这七个维度去思考，可以确保思考得更全面、无疏漏。

8.七个维度是不是对应思维导图的七个分支?

答：思考的七个维度和思维导图布局的设计没有绝对的对应关系。有些问题可以按七个维度来布局，设计成七个分支。有些问题可能在每个分支上都会涉及这七个维度的内容。具体情况具体分析。

9.七个维度可以用来解决生活工作中的哪些问题?

答：七个维度最适合解决的是策划类的问题。公司要搞个大型的活动，如年会、促销、联谊等，其中涉及很多部门、人员，以及场地安排、时间安排、流程安排，等。在策划此类事件时，经常会在很多的环节上会有疏漏。如果能用"5W2H"的七个维度来策划和思考大的部署和每个小的环节，将会很好地帮助我们安排和计划得更加全面、周密。

10.七个维度能用来帮助学习学科的知识吗?

答：可以的。比如历史类的知识，完全可以通过这七个维度来记忆。我们要记住某个重要的历史事件，涉及知识点是时间、地点、主要人物、起因、经过、结果等。从七个维度去分析并归纳总结，这个知识就完全掌握了。

---

**第四天的作业：**

找一些挑战智力的难题或者复杂的题目，用思维导图的思路一点点剖析题目，并解出题目的答案。

# 第五天
# 学会日常应用

DAY 5

▶ 用思维导图作笔记
▶ 用思维导图作分析
▶ 用思维导图作计划
▶ 用思维导图作总结
▶ 用思维导图作策划

**主持人**：同学们，昨天我们已经学习了如何用思维导图来解决一些比较复杂的问题。这只是思维导图应用的其中一种，除此之外，思维导图还经常用于记笔记、作记录、列计划、作总结、作策划分析等。今天我们就来学习思维导图在日常生活中的各种应用。让我们用热烈的掌声欢迎思思老师。

**思思**：谢谢同学们的掌声！谢谢主持人！大家早上好！

**众人**：好！

**思思**：思维导图不仅用于帮助我们思考和分析，在很多情况下还用于把我们思考和分析的过程和结果都记录下来。这就是今天我们要学习的内容。在正式开始今天的内容之前，我们先来看一下思维导图的几种画法。

**图图**：老师，这个我知道。一种是手工画，一种是用电脑画。

**思思**：哈哈，你回答得很好。不过我们现在要讨论的不是这种方法，而是另外的方式。

**图图**：啊！还有另外的方式啊？难道是用手机画？

众人笑。

**思思**：也不是。我们简要给大家描述一下。

**第一种画法：顺序记录型。**

所谓顺序记录型，就是我不知道也无法预测整张思维导图会有多少内容，所以画思维导图时也只能按照记录内容的顺序来依次完成。

顺序记录型的绘画顺序是：

第一个主分支、第一个主分支的第一个子分支、更小分支的第一个分支、更小分支的第二个分支……第一个主分支的第二个子分支……第二个主分支、第二个主分支的第一个子分支……（如下图，图中序号为作图的顺序。）

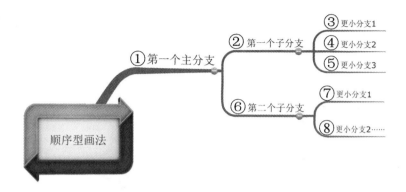

**第二种画法：头脑风暴型。**

所谓头脑风暴型，就是我们在思考的时候跳跃比较大，而且想法比较多，经常会有不同的灵感出现在不同的方向。

头脑风暴型的绘画顺序是：

几个大的主分支、随机出现在不同主分支上的几个子分支、随机出现在不同子分支上的二级分支、随时添加新的主分支或者子分支、随时在不同级别的不同分支上添加一闪而过的灵感……（如下图，图中序号为作图的顺序。）

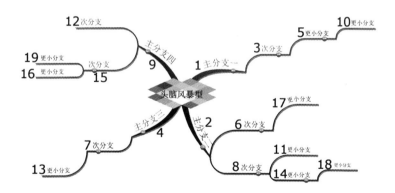

**第三种画法：逐级扩散型。**

所谓逐级扩散型，一般用于大脑中已经有了非常清晰的思路和结构。在画思维导图的时候，按照从最高级别依次向更低级别扩散的方式来完成的。

逐级扩散型的绘画顺序是：

第一个主分支、第二主分支……最后一个主分支、第一个主分支上第一个子分支，依次画完第一个主分支上的其他子分支，依次画完其他主分支上的子分支，再从第一个主分支上的第一个子分支开始依次画更小级别的分支……（如下图，图中序号为作图的顺序。）

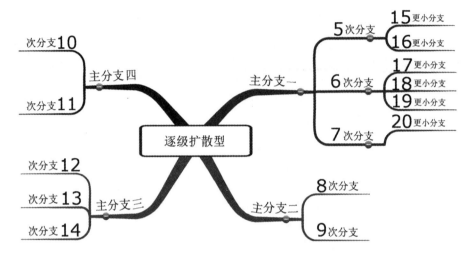

思思：以上三种方式在实际画思维导图的过程中要灵活选择。最终目的还是更好地帮助我们的大脑找到更多的灵感，并且能够更加清晰地把思考的过程记录下来，并形成更加清晰的逻辑结构。

维维：老师，这听起来还是有些抽象，你能不能举些具体的例子来说明一下。

思思：好的。那我们来看几个具体的例子。


## 用思维导图作笔记

思思：说起做笔记，我先作一个调查。请问多少人有在课堂上做笔记的习惯？

众人中有人举手。

**思思**：好，请放下。那我再问一下，刚才举手的同学，你们做笔记的目的是什么？

**图图**：为了交！因为我们老师要收我们的课堂笔记检查。

众人笑。

**思思**：这也是个理由。其他同学呢？你们做笔记的目的是什么？

**维维**：为了课后自己复习吧，以后复习时查阅用！

**思思**：这也是个很好的理由。那我再问一下大家，你们记下来的笔记，后期有多少人会真的去认真看？

众人笑。

**思思**：是不是记下来，然后就束之高阁了，很少再去翻看自己的笔记？

**维维**：我有时候会看。但事实确实像老师说的那样，几乎不看。

**思思**：所以，我给大家总结一点吧，大家记笔记的目的只有一个，那就是"忘"。

众人笑。

**思思**：大家不用笑，仔细想想，是不是这样？

**图图**：老师，我们是怕忘才记的，怎么可能是为了忘。

**思思**：那好，我换个说法来让大家明白其中的心理动机。其实在上课学习的过程中，大部分的内容是可以用我们的大脑记住的。那我们的大脑为什么没有记住呢？是因为我们记了笔记。那为什么我们记了笔记，大脑就记不住了呢？是因为我们记笔记的时候，其实是在暗示自己，我已经记在本子上了，所以不用再花脑力来记在脑子里了。

众人笑。

**维维**：确实如此。

**思思**：不过有几种情况，是需要我们认真地记笔记的。就是讲话者所讲的内容不涉及学习和理解的成分，而只是安排或者通知等类似的内容。比如工作会议安排、考试相关事项安排等。如果大家没有学过记忆法，没有信心可以把一件件琐碎的事情全部记在脑子里的话，建议还是记到本子

上好一些。

**图图：**老师，你的意思是其他情况就不用记笔记了？

**思思：**其实不是完全没必要。在听课学习的过程中，依然是需要记笔记的，只是我们要改变传统的记笔记的习惯，改用思维导图来记笔记。

**图图：**说了半天还是要记啊！

众人笑。

**思思：**是啊，只是我们要换种模式。这也是我们今天要学习的"如何用思维导图来记笔记"。这里所说的笔记不仅指学习课堂上的笔记，还包括各种会议记录、采访记录、现场记录等。

**图图：**老师，你又要让我们画思维导图吗？

**思思：**先好好听着，一会儿你就知道了。

众人笑。

**思思：**我们现在来分析一下做笔记应该用哪种画图模式。前面讲过3种模式，大家还记得吗？

**众人：**顺序记录、头脑风暴、逐级扩散。

**思思：**很好。那大家想想，记笔记应该用哪一种？

**维维：**我觉得应该属于顺序记录吧。因为我们作为记录者无法预知后面还会有哪些内容，还会有多少内容。

**思思：**是的。课堂笔记、会议记录等都适合用顺序记录的形式。大家来看实际应用中我们用思维导图做课堂笔记或者会议记录的2个例子（如下图）。

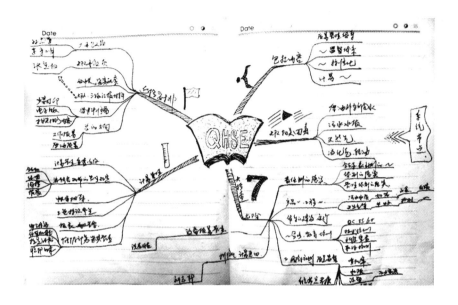

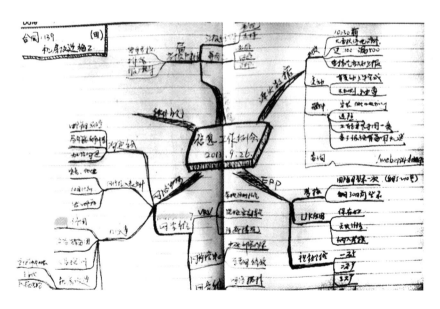

## 用思维导图作分析

**思思**：还有一种笔记，就是自己的读书笔记。这种笔记和我们刚才说的课堂笔记完全不是一个概念。课堂笔记是别人讲我们记，是被动的思维，而读书笔记是根据自己的理解来记，是主动思维。

**维维**：老师，你说的这个不叫读书笔记，应该叫读后感吧？

**思思**：也行。我的意思是读完一篇文章或者一本书以后，自己根据理解把内容的核心抽离出来，形成思维导图。

**维维**：那就叫读后感啊！

**思思**：行，你说叫啥就叫啥吧。关于一本书的读书笔记，对不起，读后感……

众人笑。

**思思**：关于一本书的读后感，我们在后面有专门的课程来讲解。今天我们就以一篇文章为例，来学习一下如何用思维导图归纳总结一篇文章。

**思思**：其实也有人管这个过程叫"如何用思维导图分析一篇文章"。不管叫什么，关键是我们要学会这种思路，这才是重点。现在我们来看一篇很有名的文章。

主持人将准备好的文章分发给众人，众人开始认真地阅读。

---

## 从百草园到三味书屋

我家的后面有一个很大的园，相传叫作"百草园"。现在是早已并屋子一起卖给朱文公的子孙了，连那最末次的相见也已经隔了七八年，其中似乎确凿只有一些野草；但那时却是我的乐园。

不必说碧绿的菜畦，光滑的石井栏，高大的皂荚树，紫红的桑椹；也不必说鸣蝉在树叶里长吟，肥胖的黄蜂伏在菜花上，轻捷的叫天子（云雀）忽然从草间直窜向云霄里去了。单是周围的短短的泥墙根一带，就有无限趣味。油蛉在这里低唱，蟋蟀们在这里弹琴。翻开断砖来，有时会遇见蜈蚣；还有斑蝥，倘若用手指按住它的脊梁，便会拍的一声，从后窍喷出一阵烟雾。何首乌藤和木莲藤缠络着，木莲有莲房一般的果实，何首乌有臃肿的根。有人说，何首乌根是有像人形的，吃了便可以成仙，我于是常常拔它起来，牵连不断地拔起来，也曾因此弄坏了泥墙，却从来没有见过有一块根像人样。如果不怕刺，还可以摘到覆盆子，像小珊瑚珠攒成的小球，又酸又甜，色味都比桑椹要好得远。

......

---

几分钟后。

**思思**：这是鲁迅先生非常有名的一篇作品。我们就尝试用思维导图来分析一下这篇作品。

**图图**：老师，什么叫分析？你是让我们划分段落吗？

**思思**：差不多。就是把文章的结构抽离出来。比如几个大部分，每个部分又分成几个小部分。确实很像是语文课上老师要求的划分段落。区别是我们不仅要划分段落，还要用简单的几个词或者几个字来归纳总结每一个大的段落和小的段落，直到形成一张完美的思维导图。

**图图**：老师，什么叫抽离？

**思思**：抽离的意思就是找关键字，或者总结关键字。就是把一段话或者几句话用一个词语来描述。最后这篇两千多字的文章，可能就只剩下几十个词语。我们管这个过程叫抽离。

**维维**：就是归纳总结嘛！

**思思**：差不多吧！我们的最终目的是通过这张思维导图，能够清晰地反映出整篇文章的结构，能够根据思维导图上的关键字，基本复述出文章的大体内容。

**维维**：这是不是说这张思维导图还能起到帮助记忆的作用？

**思思**：是的。这其实就是逻辑记忆，如果后期大家能再学一些记忆法，把关键字转成图像挂在桩上，那这篇文章就能轻松背诵了。（详细的记忆大家可以参考《学霸都在用的超级记忆术》《超好用的宫殿记忆法：从入门到

精通》等书籍。）

**维维**：看来用这种方法背课文很好啊！

**思思**：是的，前提是你能自己抽离出文章的结构，并形成自己的思维导图。现在，按你们自己的理解，看这篇文章应该分为几部分？

**图图**：我感觉就两部分。一部分是写百草园，一部分是写三味书屋。

**维维**：我觉得应该分好几个部分。百草园的风景、美女蛇、捕鸟、三味书屋和先生、怪哉、读书。因为感觉每几个小段就是单独的一个故事。

**图图**：我觉得应该分为三部分。一是百花园，二是作者为什么不能去百草园而去书塾，三是三味书屋。

**思思**：非常好，大家的理解都很好。我个人还是喜欢图图同学的这种分法。

**图图**：哈哈！

**思思**：可是也别高兴得太早。下一步我们要进行细分，将每一部分再分为几部分，每部分又分为几个更细的部分。大家按照文章的内容形成自己的思维导图吧。

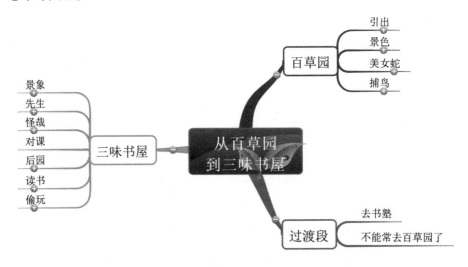

**思思**：如果我们想分析得更详细，可以把每个段落的关键字提取出来，然后画到思维导图上，形成更加详细的分支。

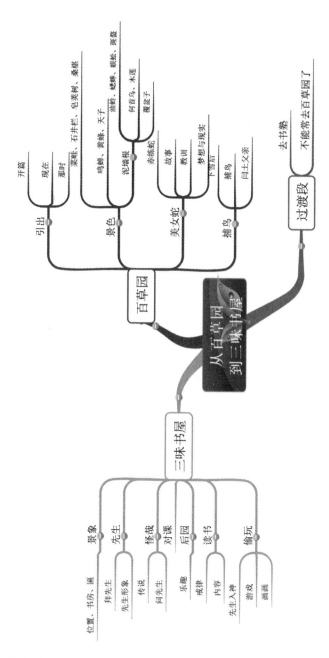

**思思**：我们画这张思维导图的目的是什么？

**图图**：分析文章。

**思思**：文章分析完了，这张思维导图还能做什么？

维维：难道是帮助记忆？

思思：太对了。首先我们要做到第一步，能够看着导图复述出文章的大概内容。如果文章有背诵要求的话，思维导图就是文章中提取出来的关键字。我们把这些关键字记下来，那文章也就记住80%的内容了。如果再配合记忆法和速听，就能轻松地背诵原文了。

## 用思维导图作计划

思思：什么叫计划？

众人：……

思思：计划是已经存在的内容还是凭空想象的内容？

众人：凭空想象的。

思思：当然，也不完全是凭空想象。我的意思是说计划是还不存在的内容或者只存在于脑海中的一些想法。按照我们之前对思维模式的训练，计划应该更多的是属于发散型思维，对不对？

众人：对。

思思：所以，按照前面提到几种绘制思维导图的方式，作计划应该属于哪种绘图方式？

图图：属于头脑风暴型。

维维：不对吧，我觉得应该属于逐级扩散型。或者两者都有。

思思：哪两者？

维维：逐级扩散加头脑风暴。

思思：是的。我们先来看看，我们是如何形成一项计划的。比如，我们要做一份旅游的计划书，准备这个假期全家去某个地方旅游一周的时间。大家想想，我们要如何形成这项计划。

图图：先买火车票、飞机票，订宾馆。

思思：订哪儿的？

图图：去哪儿就订哪儿的呀！

思思：那你要去哪儿啊？

图图：我也不知道要去哪儿。

思思：你去哪儿都不知道，怎么买票啊？

众人笑。

思思：所以，买票之前首先要确定什么？

图图：先想好去哪儿旅游？

维维：想好目的地。

思思：再仔细想，其实之前还有很多工作可以做。比如你怎么确定要去哪儿旅行？

图图：老师，你太啰唆了！来一次"说走就走"的旅行不是很好吗？

思思：当然好啊，那我们还需要制订什么计划啊？！

众人笑。

思思：既然我们要做一个旅游计划书，肯定是要事无巨细地考虑到每一个细节。咱就别想那"说走就走"的美事儿了吧！

众人笑。

思思：现在你们就假想自己是一家之长，你要带着全家人出去做为期一周的旅行，你应该提前做好哪些准备工作。每个人都仔细想想，把你们能想到的都画到思维导图上。

10分钟后。

思思：好，现在大家来分别说一下你们的旅行计划吧。谁先来？

图图：我先来！我先来！我决定去旅游的城市是北京，所以第一步就是订到北京的火车票和北京的宾馆。然后计划去欢乐谷玩一天，去北京科技馆玩一天，去军事博物馆玩一天，然后再去长城玩一天。最后一天在宾馆睡到自然醒，然后回家。

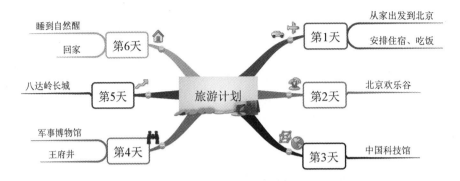

**思思**：来给点掌声！虽然很简单，但也算是一份完整的计划。

**维维**：我觉得一份旅游计划应该包括几部分。一是资金。包括预算总额、住宿费、门票费、路费、餐饮费、购物费等。二是时间。什么时候订车票、飞机票，什么时候订宾馆，什么时候到达哪个景点，停留多长时间等。三是物品。需要带的证件、现金、充电器、换洗衣物等。

**思思**：还有吗？

**维维**：暂时就考虑这些，有了其它的想法时再补充。

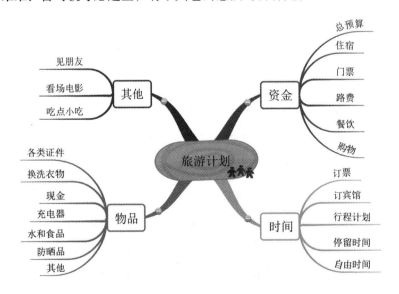

**思思**：这个维度也非常好。还有谁有其他的构思？

**维维**：我们是不是还可以按照人、财、物三个方面来计划？首先是人。共有多少人，几个儿童、几个老年人、几男几女等。因为这些都会对旅行中的门票、车票及住宿的费用产生影响。还有谁领队、谁负责订票、谁负责开车、谁负责看孩子、谁负责管理费用等。如果不是一家三口出去，肯定会有很多的矛盾冲突和琐碎事件，这些事都得有人来负责协调和管理。

**思思**：很心细，你继续。

**维维**：其次是财。这包括每家预算是多少，准备多少现金，在出行前已经预支多少，各项费用的预算和开支，如果有节余准备怎么用，如果不够了怎么办等。

**思思**：非常好。那物呢?

**维维**：在物的方面，主要是计划出行时要带的物品和旅行过程中的购物计划。自驾、坐飞机或者乘火车，三种方式携带的物品完全不一样。当然还有必须携带的，如身份证、现金、银行卡、手机、充电器等。我还会带一些应急的药品来防止突发性的感冒发烧、水土不服、闹肚子等。如果还有很小的孩子，还要考虑带一部分宝宝用品。如果有老人，还需要考虑带上拐杖等。

**思思**：哇，确实很心细。

**维维**：当然除了这些，还要有一个详细的时间和行程的计划。这个只要提前计划好就可以。大家尽可能遵守时间，并预留出一些自由的时间，以防突发情况。

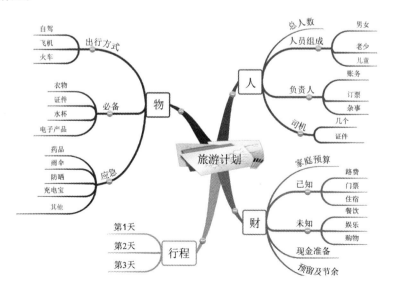

思思：非常好！大家给维维同学一些掌声！那我也给大家欣赏一下我画的有关旅游的思维导图。

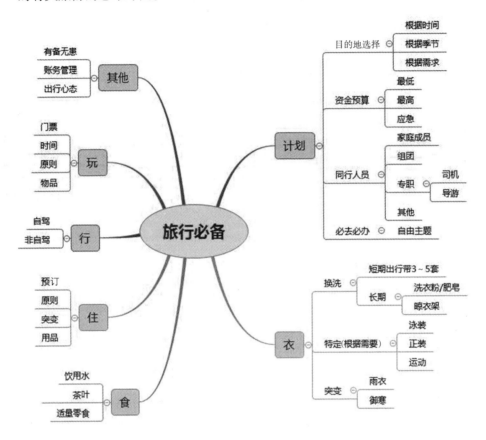

## 用思维导图作总结

思思：前面我们讨论的是作计划，接下来的任务正相反，就是作总结。大家说总结是属于哪种类型？

图图：顺序型。

思思：为什么？

图图：因为总结嘛，是已经发生的事，我们只需要按顺序把事情一件件记录下来。

**维维**：你那不叫总结，你那叫记流水账。

**众人笑。**

**图图**：流水账怎么了？那也叫总结！

**思思**：大家的意见呢？

**维维**：我感觉应该是逐级扩散。

**思思**：严格地讲，大脑进行的任何一种思考，都不可能是一种单纯的类型。我们只能说它更偏向于哪一种类型，对吧？

**众人**：对。

**维维**：总结应该是更偏向于逐级扩散的类型吧？因为总结的时候，肯定是先要想想有哪几件大事或者主要的问题，然后再分别回忆每件大事或者每个主要问题中又分别包括哪些小的事件或者问题。

**思思**：给维维同学点掌声，分析得非常好。

**众人鼓掌。**

**思思**：其实严格地讲，我们在作总结的时候，如果是对知识或者文章的总结，更偏向于维维同学所描述的这种逐级扩散的类型。如果是对某件事情或者活动的总结，就是我们平时所说的写个回忆录这种类型，其中就包括了很多头脑风暴的成分。除非我们在写回忆录之前就有随手记录的习惯。

**图图**：老师，回忆录不是回忆已经发生的事情吗？为什么会是头脑风暴？

**思思**：比如一个活动进行了5天。就拿旅游来说，如果是让你回忆你过去的5天的旅游回忆录，你能一下子回忆出这5天来发生的所有事情并厘清主次吗？

**图图**：能啊！

**思思**：你能确保5天所有的事情你一件也不会遗漏？

**图图**：那不能！

**思思**：所以，当我们突然想起某件事的时候，就需要在我们已经画出来的思维导图上找一个合适的位置。这不就是我们前面提到的头脑风暴的

类型吗？

**图图：** 哦！哦！哦！

**思思：** 当然，对于课程知识点的总结、文章的总结，主要还是逐级扩散型。

**图图：** 为什么？

**思思：** 因为我们拿着课本作总结，还怕有什么内容遗漏吗？

众人笑。

**思思：** 其实这两种方法结合在一起，恰好是体现出了思维导图的优越性。我们在总结一件事情的时候，难免会遗漏一些内容，后期再修改是非常不方便的。但是有了思维导图就不一样了，我们可以随时在思维导图上增加新的内容，而且结构和条理非常清晰。

**维维：** 是的，以前作总结的时候，经常会遗漏一些内容，然后就在上面改啊改啊，结果越改越乱，到后来整理的时候自己都分不清啥是啥了。

**思思：** 今天学会了用思维导图作总结，以后就不会再有这样的烦恼了。

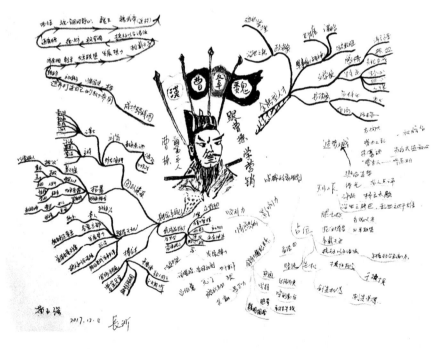

思维导图导师黄玉强老师手稿

# 用思维导图作策划

**思思**：策划听起来是件很高端的事情。可事实呢？是不是高端我不知道，我只知道策划是件非常烦琐复杂的事情。我们现在就以上次课大家没选的一个话题为例和大家一起学习如何用思维导图作策划。

**图图**：老师，是不是要策划如何让自己成为一个有钱人？

众人笑。

**思思**：哈哈，也行，不过你喜欢的这个话题更加的复杂，复杂到连老师也没搞明白。否则老师早就成为一个有钱人了。

众人笑。

**思思**：我们来讨论一下相对比较容易实现的话题，就是"如何策划一场演讲"。我们之所以选择这个话题，是因为不管是学生还是成人，都会参加一些演讲。中小学生有演讲比赛，成人会因为工作等原因参加一些演讲活动。还有一点，就是演讲所涉及的内容都是我们普通人能够理解的。如果我们非要像图图同学说的来研究如何成为一个有钱人，估计其中很多与经营、经济、财务相关的知识是普通人无法短时间内学会的。

**图图**：我上个月还参加了学校的演讲比赛呢！

**思思**：好啊，拿奖了吗？

**图图**：只给了个纪念奖。

众人笑。

**思思**：纪念奖也是奖。今天好好学习如何用思维导图来指导和策划演讲，我相信你下次一定能拿到一等奖。

**图图**：太棒了！

**思思**：现在我们就利用思维导图，来一起思考如何更好地策划一场演讲。大家还记得思维导图思考的基本方法吗？

**维维**：先发散，再分类，最后归纳总结。

**思思**：没错。那我们先来发散，看"如何策划一场演讲"能够发散出什

么内容？

　　**图图**：演讲的题目、写演讲稿。

　　**思思**：不要急着说，大家还记得我们上次课讲过的思考的七个维度吗？

　　**维维**：5W2H。

　　**思思**：是的，大家开始思考吧，并且在纸上将你能想到的都写下来。

　　5分钟后。

　　**思思**：好了，大家现在来说说都想到了哪些内容。谁先来？

　　**图图**：我先来。演讲稿、演讲的内容、说话的语气、服装、上下台鞠躬、敬礼。

　　**思思**：还有吗？

　　**图图**：没了，暂时就想到这么多。

　　**思思**：很好。其他同学！

　　**维维**：除了刚才图图同学说的，还要考虑听众是谁？有没有评委？评分规则是什么？如果不是比赛就考虑演讲的主题是什么、讲多长时间、用什么风格、如何和观众互动、演讲时是完全脱稿还是可以拿个小纸片，等等。

　　**思思**：还有吗？

　　**维维**：如果是被邀请的演讲，还要考虑主办方有什么要求。如果是自己组织的演讲，要知道演讲的目的是什么，是倡导什么、鼓动什么，还是推销什么。现场能不能使用PPT？如果可以，如何准备一个好的PPT？这似乎又涉及另一个很大的领域了。好吧，就这么多吧。

　　**思思**：非常好。确实，PPT的制作又是一个很大的领域，要不我们讨论完这个接着来讨论另一个话题"如何制作一个高品质的PPT"？

　　**图图**：老师，你饶了我吧！

　　众人笑。

　　**思思**：难道你不想在下次学校的演讲比赛中拿一等奖吗？

**图图：**老师，我们演讲是不用PPT的。

众人笑。

**思思：**那好吧，还有没有要补充的？

**维维：**我觉得除了刚才大家说的这些内容外，还要考虑现场的音响设备。是不是需要提前去现场来练习一下？有没有音乐？有没有主持人？当然，在演讲的细节上还要提前多加练习，争取把演讲稿熟记于心。对着镜子练习，让自己的形象和肢体语言更有魅力。适当加一些笑话之类的东西，能让自己的演讲更加吸引观众，让大家喜欢听。甚至还可以考虑找几个好朋友在观众席里当托儿，时不时带头鼓个掌！总之想尽一切办法让演讲的效果达到最好。

众人鼓掌。

**思思：**刚才鼓掌的同学都是维维同学请来的托儿吧？

众人大笑。

**思思：**大家刚才发散出来的内容确实不错。那接下来，让我们按照"七何"分析法，从七个维度来对刚才发散的结果进行归纳整理吧。

---

## 知识点总结

1.用思维导图做笔记有哪些好处？

答：打破了常规的按行记录的习惯，改为发散式分支记录，记忆更加有条理。另外，因为思维导图的分支结构清晰，比我们传统模式下逐行用同样的字体来记录，更容易一眼看出整体的结构层次和逻辑关系。

2.在实际应用中，绘制思维导图时有什么顺序要求？

答：对于不同类型的应用，绘制的顺序不同。大概可以分为三种绘制习惯。第一种是顺序记录型，主要是适合做上课笔记、开会记录等。第二种是头脑风暴型，主要适合策划、计划、设计方案等。第三

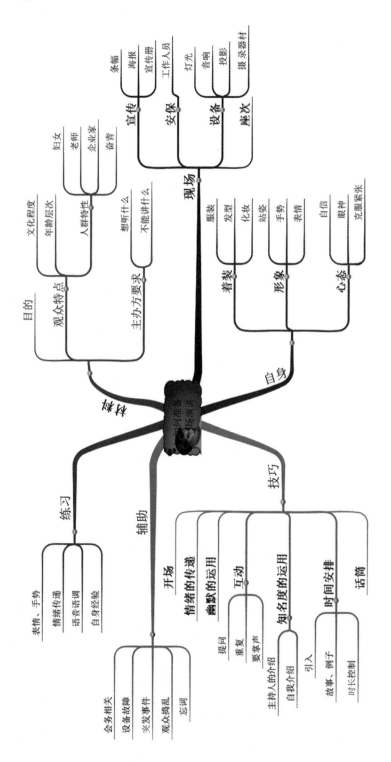

现场
宣传
条幅
海报
宣传册
安保
工作人员
设备
灯光
音响
投影
摄录器材
座次

目的
观众特点
文化程度
年龄层次
人群特性
妇女
老师
企业家
青青
主办方要求
想听什么
不能讲什么

自身
着装
服装
发型
化妆
站姿
手势
表情
形象
心态
自信
眼神
克服紧张

基本

如何准备一场演讲

练习
表情、手势
情绪传递
语言语调
自身经验

辅助
会务相关
设备故障
突发事件
观众鸿乱
忘词

技巧
开场
情绪的传递
幽默的运用
提问
重复
要事声
互动
知名度的运用
主持人的介绍
自我介绍
引入
故事、例子
时间安排
时长控制
话筒

种是逐级扩散型，主要用于总结、回忆、读书笔记等。

3. 如何确定按哪种方式来绘制思维导图？

答：主要是看思维导图所涉及的内容是已知的还是未知的，是主动的还是被动的。比如工作总结、活动复盘、读书笔记等，其内容是已知的，就可以按逐级扩散法进行绘制。但像会议记录、课堂笔记、活动现场记录等，其内容是未知的，按顺序记录更好。如果是完全未知的内容，需要重新策划设计，就使用头脑风暴法。

4. 用思维导图进行预习有什么好处？

答：用思维导图预习，容易从更高的维度了解和掌握知识的核心，而不是细节。即使很多的细节不清楚，也会对整个知识框架有个整体的把握。这将对后面的正式听课、自学等奠定良好的基础。

5. 用思维导图进行复习有什么好处？

答：用思维导图复习的过程就是把知识重新梳理的过程。通过绘制思维导图，可以把所有的知识点重新归纳总结一遍，让知识体系在大脑中更加系统、相互之间的关联更加清晰。

6. 别人总结好的学科知识框架思维导图有用吗？

答：不能说完全没用，但是如果想达到更好的学习效果，自己进行归纳、总结、整理的效果更好。因为思维导图之所以能够达到帮助预习和复习的效果，不在于形，即拥有一张漂亮的思维导图，而在于思，即把散乱的知识整理成一张图的过程。

7. 用思维导图进行设计、策划有什么好处？

答：因为思维导图可以帮助我们更好地利用大脑的发散思维、归纳思维、立体思维，所以在利用思维导图进行设计、策划时，可以激发出更多的灵感，捕捉到更多的容易忽略的细节。另外，使用思维导图可以让设计、策划出来的作品或者方案更加有条理、更加全面、具体。

**第五天的作业：**

在日常工作、学习中尝试用思维导图代替传统的书写和思考，用思维导图写计划、作总结、搞设计，不断熟悉思维导图的应用。

# 第六天
# 学会快速阅读

DAY 6

▶ 传统的阅读模式

▶ 高效的阅读模式

▶ BOI的本质

▶ 导图的作用

**主持人**：同学们，早上好。

**众人**：老师好。

**主持人**：前几天的课程，我们主要是学习了如何用思维导图解决问题、厘清关系，如何作策划、设计、总结等。从今天开始，我们将学习思维导图在另一个方面的应用，那就是阅读和写作。今天的课程，我们主要学习如何用思维导图进行快速阅读。让我们用热烈的掌声欢迎思思老师。

**思思**：谢谢大家的掌声。刚才我在教室里转了转，发现大家绘制思维导图的水平越来越高了。大家都是学美术专业的吧？

众人笑。

**思思**：思维导图画得好没有坏处，一张漂亮的思维导图自然比一张乱作一团的思维导图看上去更让人觉得舒服。但如果一张思维导图仅仅是画得漂亮，而失去了它灵魂的东西，那就真成了"艺术赏析"了。所以大家练习画思维导图的同时，一定别忘了我们的初衷，那就是"思维模式的训练和提高"。大家一定要记住：图仅仅是工具，而不是我们追求的结果。它只是在我们完成一件事情的过程中用到的一个工具而已。当我们的任务完成了，这张图也就完成了它的使命。比如我已经坐在飞往目的地的飞机上了，那么用思维导图整理旅行要携带的物品还有用吗？

**图图**：没用了。

**思思**：不，还有用。

众人迷惑。

**思思**：留给别人用。

众人笑。

**思思**：好。现在我们开始今天的内容，那就是如何用思维导图去快速阅读一本书。我先问一下大家，平常大家阅读一本书需要多长时间？

**图图：**老师，你是问什么书？漫画书算吗？

**思思：**你要今年只有5岁就算。

众人笑。

**思思：**我这里说的书，一不涉及陌生专业的知识，二不是那种枯燥难懂的哲学书籍，三必须是以文字为主。

**图图：**厚度有要求吗？

**思思：**200~300页的厚度，大约15万字的书。请问大家多久能看完呢？

**维维：**快的话一天，慢的话两三天。

**思思：**是连续看吗？

**维维：**连续看的话一两个小时吧，新兴领域的会慢一些，如果是看过类似主题的会快一些。

**思思：**很好。看来大家看书的速度还是很快的。我曾经记得有个学员说看一本书需要一个多月的时间。我问他每天拿多长时间来看，他说每天大约一个小时的时间。如果能每天坚持拿一个小时的时间来看书并且两三小时能看完一本书的话，一年下来我们至少可以阅读100本书，如果快的话甚至可以阅读300本书了。

**众人：**哇！

**思思：**那今天我就要教大家如何用思维导图进行快速阅读。大家想不想学？

**众人：**想！

**思思：**那好，为了让大家更好地体会到这种方法的神奇效果，我们先来回忆一下，我们之前是如何阅读一本书的。

# 传统的阅读模式

**思思**：谁能告诉我，平时是怎么看书的？

**图图**：就从第一页开始，一页一页地读呗！

**思思**：大家平时在阅读一本书的时候，是不是确实就像图图同学说的那样，拿到一本书就一页一页地读呢？如果大家认同这个观点，请给图图同学一点掌声。

众人鼓掌，图图脸上写满了骄傲。

**思思**：如果我们看的是一本相对来说有些枯燥的书，那按照传统的阅读模式去看的时候，大家会遇到什么问题？

**维维**：看得很慢，越看越不想看。

**图图**：看不进去，想把书撕了。

众人笑。

**思思**：是的，这种情绪的出现是正常的。但有些时候，我们必须要去读某些枯燥的书。怎么办呢？

**维维**：咬着牙坚持看下去，实在不行就只能头悬梁、锥刺股了。

**思思**：你为什么对自己这么狠？

众人笑。

**维维**：因为看着看着就犯困，容易睡着了。

**思思**：对，这是我们很多人在看书的过程中遇到的一个很有代表性的问题。还有什么解决方法吗？

**维维**：或者说实在看不下去，就放一边缓缓，等过几天重新拿起来看，可能感觉就会好一些了。

**思思**：这个办法也不错，时常满足自己放松娱乐一下的愿望，等玩够了再回来看书，就踏实了。

**维维**：对对对！

**思思**：那好。第二个问题，我们在阅读的过程中，肯定会遇到看不懂的地方。那对于看不懂的地方，大家是怎么处理的？

**图图**：看不懂就不看，只看自己看得懂的地方。

众人笑。思思冲图图同学伸了个大拇指。

**思思**：古人云："书读百遍，其意自见"。看不懂多看几遍会不会就能懂了呢？

**维维**：看不懂就去查资料啊！现在网络这么发达，随便一搜就能找到答案的。或者说遇到不懂的就记下来，然后去找朋友、老师或者专业的人士请教。

**思思**：非常好。大家的做法都还是积极向上的。至少没有人告诉我说看不懂就把它撕掉，这样到最后就只剩下看得懂的了。

众人笑。

**思思**：其实一本书有20%的内容不懂是很正常的。这20%的内容都位于书的后半部分还好，但如果这部分内容分散在整本书的各个章节中，那我们阅读的时候就会受到一些影响。这也是很多人阅读速度慢的一个重要的原因。

**图图**：老师，那遇到看不懂的内容到底最好的解决办法是什么呢？

**思思**：你刚才不是说了嘛！看不懂就不看，先看自己看得懂的地方。

众人笑。图图有些生气地撅着嘴不说话。

**思思**：我们一会儿再来解决这些问题，因为我的问题还没问完。第三个问题，大家有没有过类似的现象：我很想看一本书，但是看着看着就觉得没意思了，所以只看了三分之一或者十分之一，就干脆把书扔到一边。过了几个月又觉得不死心，于是重新拿起书来读，结果又看不了多少就放弃了。结果几年下来，一本书只有前面的几十页来回反复地看，以至于把白纸摸成了黑纸，后面的内容依旧一个字没看过。不知道大家有没有过这样的经历？

**众人**：有。

**思思**：好，第四个问题。大家看过的书可能很多，但是现在让你来给大家讲讲你看过的哪本书的内容，你能讲出多少？是不是感觉看的时候能理解作者的意思，但是合上书却感觉脑子里一片空白，不知道看了些什么。有没有这种感觉？

**众人**：有。

**思思**：有没有人喜欢在看书的时候做笔记，或者一边看一边画，有没有喜欢这样做的？

**众人**：有。

**思思**：那谁来分享一下，为什么在看书的时候要把重点的内容画出来？

**维维**：因为是重点嘛，所以要标注出来。这样以后再看这本书的时候就会更好地注意到。

**思思**：如果看这本书不是为了考试，而仅仅是为了扩展知识面，你也会画出来吗？

**维维**：是的，似乎是已经养成习惯了。

**思思**：那请问维维同学，你画出来后，后期真的复习过吗？或者说后期你真的重新认真看过你画出来的内容吗？

**维维**：如果不是考试的内容，几乎没有再看过。

**思思**：为什么不会再看？

**维维**：因为看完一遍就不容易了，已经很痛苦了。哪还有时间和兴趣再去看第二遍？如果不是应对考试的书，即使画出来也很少再去看第二遍。除非是自己特别喜欢的书。但是如果真的是特别喜欢的书，在看第二遍、第三遍的时候，也并不是只关注自己画出来的内容，而是重新完整地阅读。

**思思**：这样说来，大家有没有觉得画出来和不画没有什么本质的区别啊？

**维维**：似乎是这样。

**思思**：好，我们现在来总结一下刚才的四个问题：

---

问题一：从第一页开始，按顺序阅读是好的阅读方式吗？

问题二：阅读过程中经常被不明白的部分卡住，怎么办？

问题三：反复阅读很多次，却总是徘徊在前面的一小部分，怎么办？

问题四：即使读完了也无法提取出重点和纲要，怎么办？

## 高效的阅读模式

**思思**：我们刚才总结出来的四条也显示了传统的阅读模式的几个弊端。如果我们能够很好地解决这些问题，那么我们的阅读效率就会大幅提高。那究竟什么样的阅读模式才是高效的阅读模式呢？

**图图**：高效的阅读模式就是阅读的效率非常高。

众人笑。

**思思**：你说得很对，这句我真的没法反驳了。高效的学习模式确实就是追求高效率。那怎么才能追求高效率呢？我们就从制约我们高效率的几个问题来一点点分析。

问题一：从第一页开始，按顺序阅读是好的阅读方式吗？

解决方案：先看大纲目录，并快速浏览全书。

问题二：阅读过程中经常被不明白的部分卡住，怎么办？

解决方案：跳过一些内容，把握整体思路。

问题三：反复阅读很多次，却总是徘徊在前面的一小部分，怎么办？

解决方案：先把书整体翻一遍，再去研究细节。

问题四：即使读完了也无法提取出重点和纲要，怎么办？

解决方案：根据自己的理解，提取出思想纲要。

**思思**：我先问大家一个问题，你们之前看书的时候看不看书的前言和目录？

图图：不看。

维维：买书的时候会看一下，以确认这本书的内容好不好，值不值得买。

思思：那买回家正式阅读的时候是不是就不看了？

维维：基本上吧，有时候也会瞅两眼。

思思：大家知道目录是干什么用的吗？为什么一本书要设计一个目录出来？

图图：这个我知道，是为了方便找到哪个内容在第几页。

思思：非常好。这是大家普遍了解的目录的用处，其实目录还有一个更重要的作用，就是目录能起到思维导图的作用。我问大家是不是看目录，其实就是想知道大家在看一本书之前，是不是有先看这本书的思维导图。

众人迷惑。

思思：我换个说法。一些时候，我们单从书名难以知道书的主题。比如《看不见的大猩猩》这本书，大家猜是写什么的？

图图：是动物世界？恐怖小说？还是科幻作品？

思思：其实这是一本专门研究人类大脑错觉的心理学读物。但是，如果我在阅读之前翻开这本书的目录，就能对这本书的整体知识框架有个非常清晰的认识。

---

## 《看不见的大猩猩》目录

引　言

第一章　注意错觉

第二章　记忆错觉

第三章　自信错觉

第四章　知识错觉

第五章　因果错觉

第六章　潜能错觉

结束语

**思思：**如果我们根本不看上面的目录，而是直接从这本书的第一页开始读，可能读了十几页都不知道这本书是在说什么，只是看到一个一个索然无味的故事和作者对这些故事的评价，更不知道为什么这本书的名字叫《看不见的大猩猩》。但如果我们花一分钟看一下目录，即使不读这本书，你也知道这是一本专门研究错觉的书。这就是目录的作用，它对整本书进行了总结归纳。这就是我刚才为什么说目录其实就相当于一本书的思维导图（如下图）。

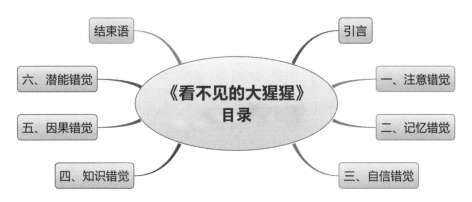

**思思：**有了这张思维导图，我们再阅读这本书的时候，大脑的理解和接受知识的范围就会始终围绕这张图。我在后面还会再给大家作专门的讲解和分析。现在我们先来解决刚才提到的几个问题。

---

问题一：从第一页开始，按顺序阅读是好的阅读方式吗？

解决方案：先看大纲目录，并快速浏览全书。

---

**思思：**思维导图有什么作用？还记得吗？是"明确方向、把握全局、厘清关系"。一本书的目录就起到了"明确方向、把握全局、厘清

关系"的作用。所以，我们在阅读的过程中，要始终围绕着这样的主线去进行。把握全局是什么？如果我们从第一页开始读，而且是逐字逐句地阅读，那就不是把握全局的思路，而是把握细节的思路了。所以，我们正确的阅读模式是：先阅读一本书的目录，然后快速地浏览全书。大家觉得多快是快？

图图：一分钟一页？

维维：一分钟十页？

思思：这都不够快。我说的是快速浏览。浏览！浏览！我没让大家去认真阅读，只是快速浏览。我建议的浏览速度是2~3秒一页。我没有说错，是2~3"秒"一页。

图图：老师，那么快怎么浏览？2~3秒，我也就能看完一行。

思思：是的。如果全文阅读的话，肯定看不了多少。但是我刚才说了，是浏览，浏览是什么？就是用眼睛在整个页面上整体扫描或者说打量一下，看看有什么重点的东西能吸引我们的眼睛，就在那上面多看一眼。大家知道什么样的内容能吸引我们吗？

图图：插图！

众人笑。

思思：别笑，图图同学说得对，插图确实能吸引我们，但这只是其中的一种。除了插图还有什么？

维维：图表！

思思：请问与插图有什么区别？

维维：比如表格、示意图什么的。

思思：我明白了。这也算是一种，还有什么？

众人沉默。

思思：其实我们在浏览的时候，更多的关注点应该放在以下几个方面：

---

章节题目、段落标题、加粗的字、黑体字、加点或下划线的字、

特殊颜色的字、插图、文字和表格的题目等。

思思：其实这些大大小小的题目和专门标注出来的内容就相当于更加详细的一个目录。大部分书籍中，一页内容里面这些小的章节标题和段落标题、图表等内容很少很少，用2~3秒阅读完这些内容已经足够了。

维维：老师，一些页面全都是大段的文字，并没有这种特殊内容的怎么办？

思思：是的，确实有些作者喜欢大段的叙述，而且是一个长段落紧跟一个长段落，让一页甚至几页的内容都不会有特殊字体的文字。这时候我建议不要完全跳过，而是凭借自己的潜意识在大段的文字中扫描、打量一遍。自己的潜意识能抓住什么文字算什么，即使自己意识不到也没有关系，这些文字已经进入你的潜意识，它会对后面的阅读和理解起到很大的影响和帮助。

图图：老师，这样能看懂什么？

思思：这个过程不是让你看懂，而是快速浏览。好了，现在给大家出一个数学题：假定我快速浏览的速度是3秒钟一页，请问快速浏览一本300页的书需要几分钟？

图图：900分钟？

众人笑。

维维：15分钟。

思思：回答正确，口头表扬一次。

众人给予了热烈的掌声。

思思：知道为什么让大家算这个吗？就是为了让大家对快速浏览有一个感性的认识。到底多快叫快？一般我们快速浏览一本书，只需要5~15分钟的时间。这个速度对很多人来说，就是读几页书的速度。可能还有人怀疑，这么快翻一遍到底能看懂什么？其实我们没有必要"看懂"什么，只需要"看到"什么就足够了。为什么这么说？因为我们前面已经详细阅读了目录，这个过程实际是对"把握全局"的一次强化。

---

问题二：阅读过程中经常被不明白的部分卡住，怎么办？

解决方案：跳过一些内容，把握整体思路。

---

**思思**：我们在阅读一本书的过程中，有时会遇到一些看不懂或者看不进去的章节或者段落。这时候如果我们不敢于跳过这些内容，那么阅读的效率就会大幅降低。大家是不是有这样的一种担忧：如果我某个地方理解不了或者搞不明白是怎么回事，那么肯定会影响我理解后面的内容？

**众人**：是。

**思思**：真的是这样吗？是不是前面的内容不懂，后面的内容就无法理解呢？我记得我刚开始学编程的时候，连听了三节课都不知道老师在讲什么，更是无法理解要计算一个类似"1+2=3"的简单数学算式，为什么要写出那么长的程序代码。但是就在这样的完全不理解中，我一节课、一节课地听下去了。等听到如何用编程快速计算从1加到100、从1加到1000，甚至更多更复杂的算式时，我才突然明白了程序语言的强大。

众人惊讶。

**思思**：我想表达的意思是什么呢？在我们对某种知识一知半解的时候，要大胆地向前进，继续学习新的知识。学着学着，之前的一知半解就能自然解决了。回到我们阅读一本书的话题上来：当在阅读过程出现不明白、不理解的章节或者段落的时候，粗略看一下然后跳过去，不要纠结在这个地方停滞不前，而要大胆地继续阅读后面的章节。你会发现，读着读着，就突然灵光一闪："哦，我明白了！"

---

问题三：反复阅读很多次，却总是徘徊在前面的一小部分，怎么办？

解决方案：先把书整体翻一遍，再去研究细节。

---

思思：是否有人曾经发誓要好好学英语，然后从单词表的"A"开始背：abanon，结果背到B就背不下去了？

众人点头。

思思：有没有人过上一段时间，不死心又拿起这本书，重新从A开始背起，背到B又坚持不下去，并且一次、两次，不断重复这种行为？

众人再点头。

思思：那我们回到读书这个主题。有很多书，我们很希望读完，但总是徘徊在前面的一小点，而且几次捧起书都读不了多少页就放弃。原因究竟在哪里？

图图：不感兴趣。

维维：没有时间。

思思：大家的理由都很好，但这只是理由，并不是真正的原因。真正的原因是大家阅读的速度太慢。你的阅读速度越慢，你在同样的时间内能够接收的信息就越少。假如我们能够保持精力集中地高效阅读的时间为25分钟，如果我们阅读得快，25分钟可以阅读80~100页甚至更多，那我们接收的信息是4万~5万字；如果阅读的速度慢呢，25分钟只能阅读20~30页，那我们能够接收的信息只是1万多字。前者是后者的5倍！

维维：可是老师，我读快了根本理解不了，怎么能接受这5万字的信息呢？

思思：是的，我相信很多人都有这样的担忧。但事实是，一本10万字的书，其中有用的信息也就3000~5000字。

图图：啊？！

思思：是的，大家都觉得不可思议。那另外的95000字是干什么用的？是帮助你理解这5000字的。可能你会觉得，那我不读也理解不了啊？

众人：对啊！

思思：事实上，我们在用语言表达一个观点的时候，有很多的字都是用来修饰的，如果把这些字去掉，不影响我们对作者所表达的观点的

理解。

众人点头。

**思思:** 所以,我们在阅读的时候,就要在有限的时间内,尽可能快地把关键的文字阅读完。你读得越快,你对作者所表达的思想和理念就理解得越深,就会和作者的思想碰触得越激烈,这时候你读不下去或者放弃的可能性就越小。现在大家明白为什么读书太慢容易半途而废了吧?

众人点头。

**维维:** 老师,可我还是觉得我读快了就理解不了啊!

**思思:** 很多人之所以不敢快速地阅读一本书,最大的心理障碍就是怕理解不了。其实人的大脑是个很神奇的东西,就像我之前说的,虽然前面的内容不能做到全部理解,但随着阅读的继续,我们新接受的知识会对前面的知识有一些补充,可能一下子就"豁然开朗、融会贯通"了。

**图图:** 哇!这么神奇啊!

**思思:** 大家听说过二八法则吗?

**维维:** 是说世界上财富分配的那个吗?

**思思:** 是的。"世界上80%的财富被20%的人占有,剩下的80%的人只能去分那20%的财富。"这本来是个经济学或者说社会学方面的规律,但后来大家发现,很多的事情都会适应于这个二八法则,阅读也不例外。

**维维:** 老师,你是说这个世界上80%的书被20%的人读了吗?

**思思:** 这个我倒不知道。

众人笑。

**思思:** 我想表达的是阅读一本书时的比例问题。也就是说,如果一本书,你还没有看过20%的内容,就不要轻易对这本书下定论。可能前面的部分只是铺垫,真正的好戏还没开场呢!

**维维:** 哦。

**思思:** 同样的道理。如果一本书,你已经认真看了超过80%的内容,仍然完全不知道作者在说什么,这时候你可以放心地说:"我看不懂!"。

众人若有所思。

**思思**：所以，回到问题三，一些书反复下决心一定要读完，却总是徘徊于前面的几页内容的最主要原因就是，在我们还没有看到精彩内容的时候，就已经花费了太多的时间和精力。这也是我们要学会快速阅读的主要原因。

**维维**：明白了。

**思思**：所以，想办法把自己的速度提上去，在自己还能够坚持的时候突破这个20%的极限，一本书就能坚持读完了。

**维维**：可是我一读快了就理解不了啊？！

**思思**：你没有读快过，怎么知道理解不了？大家可以大胆地尝试一下，先把速度提高50%，读一段时间，再提高50%再读一段时间。这样等你的速度提高三倍的时候，你们自己感受一下，理解能力是不是下降了三倍。大家是不是有这样的理念：我必须要做到100%理解才叫理解。

众人点头。

**思思**：其实，能理解80%已经足够，如果能理解60%就已经不影响你阅读后面的内容。随着你阅读内容的增多，前面还不理解的一些内容会自然地理解。别忘了，我们在阅读的时候还有一个法宝，就是之前我反复强调的"目录"。你的大脑会不断地把你阅读到的新内容补充到目录中，让那个框架更加清晰、更加明朗。

---

问题四：即使读完了也无法提取出重点和纲要，怎么办？

解决方案：根据自己的理解，提取出思想纲要。

---

**思思**：前面我们提到过，有些人在看书的时候喜欢用笔把一些自己认为是重点的地方画出来。大家现在来反思一下，我们画出来的内容一定是这本书的重点内容吗？

众人迷惑。

**思思**：好，我们换一个角度。如果不是为了考试，只是为了汲取作者

的思想和理念，而不需要原文记忆书中的知识点。请问：到底什么是重点内容？

**维维：** 应该是目录吧？

**思思：** 非常对。但是如果我们需要一个更详细一点的重点内容，那应该是什么样的呢？我们再来回忆一下自己看书时画出来的内容，真的就是你自己认为的重点内容吗？我说了，有个前提，我们不是考试，所以画出来的东西肯定不是什么公式、定理之类的内容。那我们画出来的究竟是什么？

众人依然迷惑不解。

**思思：** 我觉得，有很多人画出来的内容，只是精彩的一段话或者很受触动的一段文字，其实在很多情况下并不是作者所表达的最主要的内容，可能只是为了叙述的需要引用的一段话或者是来强调语气的一些文字。大家回忆一下，我们是不是在阅读时经常会有"这段话说得太有道理了！""这句话太精彩了！"的感觉，然后就会情不自禁地把这些文字用笔画了下来。

**众人：** 对。

**思思：** 所以，对于一本书或者一段话来说，真正的重点是什么？其实每个人理解是不一样的。所以我一直觉得靠"画"来标记一本书的重点，只能应用在学科考试上。只能说这句话在考试的时候会考原话。而对于一本书来讲，更精确的重点内容应该是自己的大脑进行提炼和总结的。

**维维：** 那为什么有时候提取不出来呢？

**思思：** 是的，如果按照我们传统的顺序线性阅读，有时候真的很难提取出重点内容。但是如果我们一直按从大到小，从总体到局部逐步细分的原则，就很容易提取重点了。因为我们阅读的过程就像是画一棵树，先从主干画起，然后开始画大的分支、小的分支、更细小的分支，最后我们才去一点点地丰富上面的树叶。

**维维：** 这不就是画思维导图的过程吗？

**思思：** 太对了。后面我们还会专门和大家讨论如何一边阅读，一边画出一本书的枝干，也就是一本书的思维导图。大家知道一本书的思维导图对于一本书来说是什么吗？

众人迷惑地摇摇头。

**思思**：相当于一本书的灵魂。我们管这个东西叫"BOI"。

## BOI的本质

**思思**：BOI是什么？

没有人回答。

**思思**：BOI的全称是什么，有同学知道吗？

**维维**：Basic Order Ideas。

就在同学们都吃惊的时间，维维举起了手机。

**维维**：老师，我刚拿手机查的，中文意思是"基本顺序思维"。

众人笑。

**思思**：非常棒。一是维维同学给出了正确的答案，二是维维同学有个非常好的学习习惯，那就是寻求帮助，或者说借力。我们在学习知识的过程中经常会遇到很多问题，很多人的习惯是去问老师，问同学，但现在有个非常好的老师，就是网络。曾经有位高人，他说过一句话：这个世界上的知识已经不再需要积累只需要检索。王文良写了本书叫《北大毕业等于零》，也是说大学学了4年，发现自己学的那点东西别人随便到网上一搜，全有了。

**图图**：那老师是不是我们以后就不用再上大学了？

**思思**：图图的这个问题也很有挑战性，那大家觉得既然世界的信息服务已经这么发达了，我们是不是不再需要去学什么知识，上什么大学了？

**图图**：对啊。我们以后也不用天天考试了。

众人笑。

**思思**：大家仔细想想，我们上大学后，什么变了？就像我们的这次思维导图培训一样，类似的知识很容易在网上找到，你觉得这几天你学会了

什么？

　　**图图**：学会了……

　　**思思**：在来这个培训班之前，你听说过思维导图吗？

　　**图图**：没有听说过。

　　**思思**：这就是你要来学习的价值。大家明白什么意思了吗？比如我们回到刚才的问题：什么是BOI？虽然现在的网络信息非常方便，但是前提是你得知道世界上有BOI这个概念你才能去查询。我们为什么要上大学，因为大学会告诉我们这个世界上还有很多这样那样的知识。如果你没有学过，你就压根不知道这个世界上还有这样的知识、这样的方法、这样的能力，更不用说学会和掌握了。而你上过大学，即便是检索和查询，你检索、查询的能力和范围也是别人无法超越的。这就是上大学的价值。

　　有人自发地为思思老师的这段话鼓掌。

　　**思思**：谢谢大家稀稀拉拉的掌声。

　　众人笑。

　　**思思**：刚才扯了点题外话，我们回到刚才的主题：BOI。维维同学说了，所谓BOI就是基本顺序思维。那什么叫基本顺序思维？

　　思思老师看着维维同学，等着他的回答。

　　**图图**：接着上网查！

　　众人笑。

　　**思思**：图图同学学得很好，不过课堂时间有限，这里就由我直接将答案公布吧。因为我们的大脑有无限的想象和发散的能力，所以我们在做一件事，包括阅读一本书的时候，我们需要通过层次、分类等限制大脑的想象，阻止那些与主题无关的想法出现。而起到限制大脑去发散和想象的这个主题或者说这个核心的框架就叫基本顺序思维。

　　**图图**：老师，你前面讲思维导图是帮助我们发散啊，现在为什么又要限制？

　　**思思**：因为大脑在发散思考的时候，会有很多远离了主题或者说与主题无关的想法出现。为了更好地把握主题，我们必须要不断地把我们的思考中心点拉回主题上。我们还是以阅读一本书为例来说明这个问题。什么是一本书的BOI？

**维维**：我觉得一本书的目录就应该算是它的BOI。

**思思**：非常好。我们接着来讨论目录有什么用。为什么我们抓着目录不松手？要想更快、更高效地阅读和掌握一本书的精华，最好的思路就是找到作者写这本书时的思维模式，也就是作者在写这本书的时候为自己制定的BOI。

**图图**：我又不是作者，怎么能知道他是怎么想的呢？

**思思**：对啊！所以，我们就要通过目录来感受作者在写这本书时的一些想法。任何一本知识性的书，都会有一个非常好的目录，而且目录往往是作者精心设计的。最重要的是，作者会在写书之前就列好一个目录，等写完了，会根据实际写出来的内容再重新修改和完善目录的内容。因此，整本书的内容是与目录严格对应的，目录就是整本书的BOI。

众人似乎明白地点头。

**思思**：没关系。大家先有个这样的概念，我们在实际阅读的过程中会反复地强调目录的作用。好，我们来看第二个问题。除了目录，一般的书都会有"前言""序"等，请问，有多少人在阅读一本书的时候会认真看这些内容？

众人没有反应。

**思思**：那好，有多少人不看，直接翻看第一页？请举手！

一多半的人举手。

**思思**：其实很多好书的序是非常有价值的。序言中可能会告诉你以下问题的答案：

作者为什么要写这本书？

作者希望通过这本书给读者带来什么？

这本书适合什么样的人群？

读者应该如何阅读这本书？

不同的人群阅读这本书时分别应该注意什么？

与这本书相关的前导和后序知识有哪些？

---

**思思：**大家发现没有？一本好书的序就相当于一本书的"使用说明书"。通过序言，我们就能知道我们可以通过这本书学会什么，不能学会什么，初学者应该重点学习什么，专业人士应该如何阅读，阅读这本书应该抱有什么样的心态，是不是需要先去读另外的一些基础的书等。了解完这些，其实一个简单的BOI已经在我们的脑海中形成了。这时候我们再去阅读一下目录，作者的写作思路就在我们的脑海中清晰了。我们就能把自己当成作者，也尝试着思考应该如何来写这本书。

**维维：**可是这本书我还没看呢？我怎么能知道作者会写些什么呢？

**图图：**正是因为我们没看，才需要通过阅读一本书的目录，并凭借自己的理解和感受来预测或者说想象作者会在这一个章节写什么，会在那一个章节写什么。当然这个过程是盲目的。没关系，我们的大脑有非常神奇的重组的能力。只要我们曾经有过这样的想象过程，就一定会对我们后期的阅读产生很积极的影响。

**维维：**那我们在阅读目录的时候，需要把目录记住吗？

**思思：**如果能记住当然是最好的。我还建议对一些知识性比较强或者陌生领域的书，在阅读目录时把目录抄一遍，并把它画成思维导图。

**维维：**这时候画思维导图有什么用呢？

## 导图的作用

**思思：**针对目录画出的思维导图是作者提炼总结的精华内容。我们先通过抄一遍目录，实现与作者的思维同步。再说得简单直接一点，就是先对这本书有个感性的大概的认识。

**图图：**老师，是不是后面还要画思维导图啊？

**思思：**是的，我们还要画，而且要反复地画思维导图。我们建议一本书至少读3遍。

**图图：**3遍？！一遍我都读不完！

**思思：**没错，至少读3遍。我们管这种方法叫"三遍阅读法"。

## 三遍阅读法

这是一种融合了目前国际上比较流行的包括十倍速影像速读法、全脑波动速读法等各种快速阅读模式而形成一种更加高效、更加实用的阅读方法。

这种方法非常适合阅读学习类、知识类、思想理念类的书籍，缺点是不太适合阅读非主流文学作品。对于想通过阅读扩大自己的知识面，扩展自己认识范围的朋友是一种非常好的阅读方式。

本书重点讲解思维导图在快速阅读中的辅助作用。关于三遍阅读的详细讲解和应用技巧，请大家关注我的另一本关于快速阅读的书《快速阅读：刷屏时代如何做到一年读300本书》。

**思思：**思维导图在整个的三遍阅读法的过程中，真正起到了思维导图的作用。这句话怎么理解？大家还记得思维导图的作用是什么吗？

**图图：**我知道！我知道！是把握方向、领导……

**思思：**不错。这么长时间还能记住，可惜不是很准确。谁能想起完整的答案。

**维维：**明确方向、把握全局、厘清关系。

**思思：**非常好。从最开始画一张按目录照抄来的思维导图开始，我们就

要用这张图来明确阅读的方向。在每一遍阅读之前、之后和过程中，我们要反复地翻看和回忆这张思维导图。这样做的目的是通过这张图来回忆和整理我们已经看过的内容，使这些内容在大脑中更加有条理，更加清晰和明朗。

**维维**：但是我们每个人对内容的理解是有差别的啊！就算是同一本书，每个人对内容的理解也会有不完全相同的地方。

**思思**：是的，这也是我要强调的地方，就是在进行完第二遍的全文通读之后，我们还要做一项非常重要的工作——重新画一张真正属于自己的思维导图。

**图图**：还要画啊？！

**思思**：这一次我们要完全地抛开作者的目录，根据自己对整本书内容的理解和各个章节内容的理解来画这张思维导图。画图的时候，我建议大家采用"左手翻书、右手画图"的方式来进行。

**图图**：什么？

思思老师拿起一本书放在讲台上，然后坐下来，翻开这本书给大家作示范。

**思思**：所谓"左手翻书、右手画图"就是一边用左手翻刚才已经通读了一遍的书，一边用右手在纸上画出心中的思维导图。在翻书的过程中，我们要根据自己对内容的理解，提炼出每一个章节、每一个段落或者说自己认为的每一个重点内容的关键字，并把它们画到思维导图上。这时候我们要完全舍弃掉作者提取出来的章节的标题，并根据自己的理解完成关键字提取的工作。当然，可能提取出来的关键字和作者的标题是相同的，这也没有关系。重点是我们的大脑必须得有归纳、总结、提取的过程。这才是符合思维导图的思维模式。

**维维**：每一个段落都要提取关键字吗？

**思思**：不一定，这个要看自己对内容的理解。但是，最终形成的思维导图，需要达到看着思维导图，就可以轻松自如地复述出全书的大体内容的效果。说得更牛一点，拿着这样一张图，甚至可以给别人讲一节关于这本书的课或者能写出3000~5000字的书评或者读书笔记。

**图图**：3000~5000？哇！

**思思**：大家不要觉得3000字很多，其实对于一本十几万字的书来说，3000字能够总结提炼出来的内容，绝对是精华中的精华了。换一个角度。有没有更快速地阅读一本书的方法？

**维维**：看书评。

**思思**：太对了。有很多人在阅读完一本书后，会花时间真的写出几千字的书评出来。我们在前面的课程中曾经讲过，别人画好的思维导图是带有加密功能的。仅仅看图，我们很难完全地理解绘图者的意思，但是读书笔记就不一样了。它是完全透明的啊！所以，如果能找到别人写好的，而且是高水准的读书笔记，那将是最快速、最高效的阅读方式。大家可以想想，我们阅读一份3000~5000字的文章需要多长时间？

**图图**：1分钟！

众人笑。

**思思**：就算我们逐字逐句地去读，10分钟时间足够了。所以，不管这本书多长、多难、多枯燥，如果能有这样一篇好的读书笔记，那快速阅读将是多么轻松愉快的事儿。下面，我们绕了一圈又该回到我们的主题上了。大家还记得吗？

**维维**：是要求我们读完一定要写一篇读书笔记吗？

**思思**：这样理解也对。其实我想表达的意思是，一定要认真地画一幅思维导图。一旦这张思维导图画出来了，那对你自己来说，就拥有了一份很好的读书笔记。就算别人看不懂也没关系，绘图者本人是可以拿着导图轻松地说出这本书的精华的。如果大家有"达济天下、福泽众生"的胸怀，就花点时间把读书笔记写出来。如果大家只是想"独善其身"，有一张思维导图就够了。

众人纷纷点头。

**思思**：当然，我们还有一种更高效的让你对一本书的内容有更深刻理解的方法。这种方法叫作"传授"。（请参考《超级记忆：破解记忆宫殿的秘密》第四章）什么意思？就是你去找同样对这本书感兴趣的人，然后照着你画的思维导图给他讲，他是否听懂，甚至他有没有认真听都不重要，你只管讲你的。讲到一定程度，可能是3遍，可能是5遍，你不用看思维导图，也能轻松地复述出这本书的重点内容了。这时候，你在别人的眼里就是这个领域专家级的大牛了。对不对？

众人一边大笑，一边鼓掌赞同！

---

# 知识点总结

1. 思维导图本身能帮助我们快速阅读吗？

答：思维导图本身对阅读速度没有什么影响。但是思维导图的思路可以提升我们在同样时间内阅读内容的理解程度。

2. 所有的书籍都适合思维导图阅读法吗？

答：适合用思维导图来快速阅读的书都是知识类、理念类的书。对于纯粹的文学作品，特别是非主流文学作品是不适合用思维导图来阅读的。

3. 考试类专业书籍可以用思维导图来快速阅读吗？

答：严格地讲，所有考试类的书都不适合快速阅读。但是如果能够用思维导图把考试知识整理归纳一遍，对更好地学习这本书的内容有很大的帮助。所以，建议大家在学习专业知识时，养成边学习边用思维导图总结整理的习惯。

4. 思维导图阅读的核心是什么？

答：思维导图阅读法的核心是从大到小的阅读。即先读整本书的大的框架，再逐级阅读下一级框架、更小的框架，最后再详细阅读文字信息。

5. BOI的本质是什么?

答:BOI是Basic Order Idea的缩写,意思是基本顺序思维。一本书的BOI就是作家在构思这本书时的基本思路和基本框架。

6. BOI与目录有什么区别?

答:BOI是作者在写书之前在构思阶段形成的书的框架,而目录是书完稿之后重新整理的。BOI是知识框架层面的,目录框架是文字表达层面的。

7. 快速阅读为什么还要阅读封面和封底?

答:因为封面和封底有很多可以提升阅读兴趣的内容,可以增加我们对这本书内容的预期。

8. 思维导图阅读法解决了传统阅读中的哪几个问题?

答:一是可以不按顺序阅读,先看大纲目录,并快速浏览全书。二是如果有看不懂或者没兴趣的地方,不要卡住,可以适合跳过,重点把握整体思路。三是不要纠结于自己看不懂的细节,先快速看一遍再研究细节。四是看完后可以根据自己的理解,提取出自己的思维纲要。

9. 三遍阅读法的三遍是哪三遍?

答:第一遍利用影像阅读法快速翻一遍,第二遍快速通读全书,第三遍进行查缺补漏阅读,并画出思维导图。

10. 三遍阅读法适合什么书?

答:适合思想类、理念类、学习类、知识类、管理类、心理类等非专业教材。考试类、专业技术类的书籍借鉴这种模式,可以提高学习和复习的效率。

11. 三遍阅读法不适合什么书?

答:三遍阅读法不适合纯文学作品,特别是非主流的文学作品。

**第六天的作业：**

请尝试用思维导图的思路去阅读一本书。建议大家阅读专业性不太强、偏向于思想类的书。并在阅读完成后画出这本书的思维导图。

# 第七天
# 学会文案写作

DAY·7

**主持人**：同学们，早上好。

**众人**：老师好。

**主持人**：昨天我们跟思思老师学习了如何用思维导图进行快速阅读，掌握了如何用更短的时间更高效地阅读一本书的秘密。那今天呢，我们将学习一项更厉害技术，这项技术一旦掌握，你就真的会成为这个世界上的牛人。大家知道是什么吗？

**图图**：是不是用思维导图赚钱啊？

**众人笑**。

**主持人**：这不是没有可能。不过在赚钱之前，我们首先要练就扎实的本领。今天我们要学习的这项技术叫"如何用思维导图写作"。让我们用热烈的掌声欢迎思思老师。

**众人鼓掌**。

**思思**：又是新的一天，今天是我们学习思维导图的最后一天了。不知道大家对前面6天的课程有什么感觉？不知道有没有人有记日记的习惯，把每天学习的内容整理总结一下，写成日记？

**维维举手**。

**思思**：非常好！我们给维维一点掌声。

**思思**：我为什么要问这个问题？因为在很多人的概念中，写作是一件非常痛苦的事情。很多人从小就不愿意写作文，长大之后更是缺少写作文的动力。有些人工作了，一听到领导要求写什么计划、总结之类的文章就头疼。这是为什么？

**维维**：不知道怎么写。

**思思**：这是个好理由，不过如果是考试时，不管最后我们上交的文章是不是能得高分，是不是写得逻辑严谨、语言优美、寓意深刻，我们怎么也能交个文章出来。

众人点头。

**思思**：所以，其实我们并不是完全不会写，而是觉得写文章是件非常困难而痛苦的事。往往表现为写文章的速度慢、效率低，半天憋不出几个字来。有没有类似的感觉？

**众人**：有。

**思思**：那大家想不想掌握一种方法，能让你快速、高效地完成一篇文章？想的同学请举手，我看多少同学有这个需求？

众人举手。

**思思**：俗话说"不破不立"。在我们正式学习这种新的写作方式之前，我们先来回忆一下我们传统的写作模式是什么样的。

## 传统的写作模式

**思思**：传统的写作模式是什么样的呢？

**图图**：这个我知道。是拿毛笔写。

众人笑。

**思思**：你这也过于传统了。哈哈。我问的是我们一般人在写一篇文章的时候，是怎么构思，怎么完成一篇作品的。这里我就不说是传统了，要不图图同学该教我怎么写毛笔字了。谁能总结归纳一下"一般"的写作过程是怎样的？

众人笑，但没人回答。

**思思**：没关系，随便说。

众人你看我，我看你。

**维维**：首先构思准备写什么内容，然后列一个大纲，打个草稿，再按列好的大纲逐步完成，最后做适当的修改。

**思思:**非常好。先给维维同学点掌声,因为他总结得非常到位。这就是我们传统的写作模式。不对,一般的写作模式,是不用毛笔写的。

众人笑。

**思思:**但是还有更一般的,是没有写作经验的人经常用的一种方式,就是拿出一张纸或者翻开本子的空白页,规规矩矩地写下一个题目,然后开始对着这个题目发呆,过一会儿写上两行,继续发呆。直到把这篇文章全部"呆"出来。有没有这样的?

**众人:**有。

**思思:**我管这种写作的模式叫"闭门造车"模式。这实际上不是在写作,而是在凑字数。东憋一句,西憋一句,一直凑到题目要求的字数为止。这也是我们上小学时老师经常提到的"流水账、空洞、没有主题"的文章。

**图图:**老师,我写流水账很快的。只是老师从来不给我高分。

众人笑。

**思思:**写一篇艳惊四座或者说流芳百世的名著很难,甚至写一篇能得高分的作文也很难。因为这确实需要很扎实的文字功底,很好的文化底蕴,还要有很好的思想和观点。如果这些我们都没有,我们能不能写出一篇还算是合格的作品呢?

**图图:**不能。

**思思:**好吧,我换个说法。我们现在暂且不讨论我们写出来的文章是什么样子,就当自己是个很不喜欢写作文的小学生,老师布置了写一篇500字作文的作业。我们有没有办法快速地完成这份作业呢?

众人有的摇头,有的沉默。

**思思:**其实之所以很多人写作的效率低、速度慢,感觉好吃力,并不是不知道写什么,而是脑子里有很多东西却不知道从哪开始写。比如说像"我的妈妈""我的老师"这样的作文题。我们与爸爸妈妈的相处总会有许多故事写,但似乎在写作文时一个事例都想不起来,是吗?

众人点头。

思思：其实大部分人只是不知道怎么将脑中的思绪组织成语言文字。所以，不可避免地要写成流水账，比如大部分孩子的作文都会有类似这样的开头：

---

我的妈妈有高高的个子，留着一头黑色的长发，圆圆的脸红得像苹果，脸上有一双大大的眼睛像黑色的葡萄……

---

思思：我想这样的作文大家一点也不陌生，很多孩子不管描写谁只用到两种水果，就是红苹果和黑葡萄。不是说不好，而是太没新意了！而且，写完了这几个水果之后，就又不知道要写什么了。图图同学，如果是你，你接下来会写什么？

图图：我会写穿什么样的衣服，什么样的鞋子。

思思：那也凑不够500字啊。

图图：那我就写有时候会穿这样的一件衣服，有时候会穿那样的一件衣服。

众人笑。

思思：难道除了你妈妈穿的衣服，就没有什么其他可写的吗？

图图：我还可以写她穿的鞋子、背的包包。

众人笑。

思思：其实可以写的东西很多，只是在你脑子里你意识不到，提炼不出来而已。比如你可以写写你妈妈在家给你做的好吃的啊，写写妈妈平时怎么辛勤持家啊，写写你感冒发烧生病不舒服的时候她怎么照顾你啊，等等，这些都随便一件事都可以写出好几百字。

图图：哦……

思思：写500字可能还不是特别困难，但如果是要求写5000字呢？

维维：那一定难。

思思：为什么大家都觉得写文章很难。难道我们脑子里真的没有东西吗？

**维维**：其实很多时候是脑子里有很多东西，但是无法厘清头绪，不知道从哪里写起。

**思思**：太对了。其实不管什么题目，我们都会在大脑中产生一堆内容，只是许多人不知道怎么把这些变成文字呈现出来。所以这时候，我们应该怎么办？

众人露出思考的表情。

**思思**：我们前面讲了很多关于解决这种杂乱问题的思路了，大家这时候应该怎么办？

**众人**：画思维导图。

**思思**：恭喜大家，答对了。


## 高效的写作模式

**思思**：许多年前流行过一个词，叫"作家换笔"。是指在个人电脑刚刚开始普及的时候，很多的作家开始由手写改为键盘打字。这个过程称为"作家换笔"。今天我们不妨也提出一个类似的词，我们可以管它叫"作家换脑"。

**图图**：老师，是要换脑袋吗？

众人笑。

**思思**：目前的医学还换不了脑袋，但是我们可以换人的思想。其实这里所说的换脑，是指打破传统的思维模式和写作习惯，用一种全新的思维去完成一部作品的过程。

**维维**：老师，可是没有文学功底的人仍然不会写啊。

**思思**：没有关系。文学功底的好与坏决定的是作品的质量和高度。而我们的换脑过程改变更多的是你完成作品的效率和速度。

**维维**：也就是说不管好坏，至少不用发愁，能快速地写出来？

思思：是的。

维维：能快速写出来也很好啊，至少我们可以把工作的效率提高了。不管写得好坏，能合格就好，我们又不想当作家。

思思：是的。但是你一旦有好的文字功底和思想，这时候你想写书的话，效率就更高了。

维维：老师，用思维导图写作，具体应该如何操作呢？

思思：不急，我们一点点为大家解开这些谜团。我们先来对传统的写作模式和思维导图的写作模式作一个对比。这次我们反过来观察和对比这个过程。

图图：老师，怎么反过来？是从后面向前看吗？

众人笑。

思思：也可以这样理解，但不完全是这个意思。我这里所说的反过来，是指假定这里有两篇5000字的论文已经完成，我们反过来回忆这两篇论文的完成过程。

## 传统的写作模式

构思→写题目→写序言→写第一个标题→写第一标题的第一段→写第一个标题的第二段→……→写第二个标题→……→修改→校对→完成。

## 思维导图的写作模式

构思→写题目→写第一个标题→写第二个标题→写第三个标题→……→写出第一个标题的关键词→写出第二标题的关键词→……→写第一段落→写第二个段落→……→整体修改→校对→完成。

**思思**：大家有没有发现，思维导图的写作模式和我们前面讲的什么很像？

众人沉默。

**思思**：大家仔细感受一下，和我们前面讲的哪一个过程很像？

**维维**：思维导图快速阅读一本书？

**思思**：太对了。我们来对比一下。

## 快速阅读的过程与写作过程对比

快速阅读——写作过程

看封面、封底、前言——整体构思、确定题目

看目录——写标题

影像阅读——写关键字

用波动法通读全文——写每个段落的内容

遍查缺补漏，并画出导图——根据目录整体修改、校对

**思思**：通过对比大家不难看出，我们写一篇文章的过程，其实就是快速阅读一本书的过程。有些人在写文章的时候，总是感觉无处下笔，想半天也不知道写什么好，主要的原因就是，没有在大脑中很好地规划出这篇文章的框架。一旦在大脑中形成了清晰的框架，那再写文章的时候，就感觉有章可循了。大家能理解到这一点，也就能理解了这里讲的"高效的写作模式"了。

**维维**：可是，有时候面对一个题目的时候，就是真的连框架也不知道写什么好啊！

**思思**：是的，也确实是有这样的情况，那我们接下来就来一起来讨论：当我们遇上有些很生疏的或者是很奇怪的题目时，应该如何更快地构思和形成一篇文章的框架。

## 构思与框架

**图图**：老师，什么是奇怪的作文题目？

**思思**：马上就让你知道什么是奇怪的作文题目。前面我们一起了解了高效的写作模式，刚才维维同学也提出了一个新问题，我想这不仅是维维同学自己的问题，也是大家共同关心的问题：还是不知道写什么。是不是？

**众人**：是。

**思思**：好，我们就来看一个奇怪的题目。

---

"论是先有鸡还是先有蛋"

---

**思思**：如果让大家来写这篇文章，大家应该怎么写？

**图图**：先有鸡，因为蛋是鸡下的，所以才叫鸡蛋。

众人笑。

**思思**：别急着下结论。我们现在要做的并不是找到这个问题的答案，而且这个问题本身是没有答案的，而是思考如何通过这个题目，形成一个很好的文章框架，并能够根据框架写出一篇几千字甚至上万字的论文。

**图图**：哇！上万字啊！这太难了！

众人笑。

**思思**：大家先来发表意见。如果让你来写这篇文章，你应该怎么写？

**维维**：应该从生物进化的角度来写，或者从哲学的角度来分析。

**图图**：我觉得应该写谁是谁的妈妈，谁是谁的孩子？

众人笑。

**图图**：我还是觉得就应该写先有鸡。我有很多的证据证明是先有鸡！

众人大笑。

**图图**：你们笑什么笑？我真有证据。

**思思**：好，我们相信你有证据。那你想办法把你的证据用思维导图整理

出来吧!

**图图:** 整理就整理!

说完,图图拿出一张纸,用笔在正中间画了一个圈,并一本正经地写上"先有鸡"三个大字。

**思思:** 先让图图同学自己在那整理他的证据,其他同学继续来发言,说说你们对这篇文章的构思。

**维维:** 可以从进化论、基因、DNA、遗传等多方面展开讨论,或者从哲学角度来写,比如辩证法、方法论、认识论等。可以引用众多哲学家的观点,主要阐述讨论这个问题的意义何在。

**思思:** 不错,你的两个想法都很好。我想问问复训的老学员,这个题目在上期培训中我没有提到过,你们对这个题目有什么想法?

**老学员:** 我首先对这个题目进行了发散式思考。一共发散出了几个方面的信息。一是关于"鸡"的,包括什么是鸡,鸡的分类,鸡的特点,鸡为什么下蛋,以及与鸡有关系的很多名言名句。二是关于"蛋"的,包括什么是蛋、蛋的分类、蛋的特点、蛋的营养价值、鸡蛋与其他蛋的区别等。三是"论"的,包括什么是论,讨论、议论和论证的关系,我们为什么要论,目的和意义何在,怎么论,论什么以及辩证法等。四是关于"先"的,包括何为"先有"、何为"后有",以及哲学理论中的时间关系、因果关系、生物学中的遗传关系、伦理关系等。

**众人:** 哇!

**思思:** 你似乎把我下面要讲的东西都讲完了。

众人笑。

**思思:** 你继续!

**老学员:** 文章开头先引出这个经久不衰的辩题,然后分四部分来叙述观点。第一部分写鸡,第二部分写蛋,第三部分写鸡和蛋的关系,第四部分写讨论这个辩题的意义。最后,总结自己的观点。基本上就这样吧。

**思思:** 大家听了觉得怎么样?

众人鼓掌。

**思思**：确实很棒。不过有一点不好，就是你把我要讲的内容都讲完了，我接下来讲什么呢？

众人笑。

**思思**：再次掌声感谢老学员精彩的分享。既然你已经都讲完了，我就来总结一下吧。整个过程大约可以定义为四步：

第一步：根据题目进行发散式思考，列出所有与题目相关词语。

第二步：对列出来的词语进行分类整理，形成几个不同的类型和范围。

第三步：用思维导图按分类的内容进行总结归纳，去掉完全没有必要的内容，精选出适合写进这篇文章的部分，形成文章的基本框架。

第四步：对思维导图进行二次发散、归纳、整理，形成完整的框架结构。

**思思**：简单点，就是先对题目进行胡乱联想，有谱没谱的事儿全列出来，备用。等想到没什么新东西的时候，把已经列出来的词分成几个类，并画成思维导图。然后根据画出来的图重新整理自己的思路，把彻底不沾边儿的划掉，留下可用的。这样文章的结构就形成了。大家觉得有了这样的方法，是不是再难的文章，我们也能整理出一个可行的框架，并写出一篇完整的文章来？

**众人**：是。

**思思**：听上去似乎不是特别的难，但是真正做起来是不是也像我说的一样，只是简单的四步走呢？

**图图**：不是。

众人笑。

**思思**：图图同学很诚实啊！对了，你的"先有鸡"的导图画完了没有？

**图图**：老师，我在认真听你讲课。

众人笑。

**思思**：那好，既然你听课这么认真，那就请你今天晚上回家后把那张导图完成，明天到台上来给大家分享好不好？

**图图**：老师，今天是最后一天课了！

众人大笑。

**思思**：你小子脑子转得还真快。好了，那接下来的时间就是大家练习"应用四步走"的时间了。我给大家准备了一堆奇怪的作文题目，大家可以任选一个题目来练习。

**图图**：老师，这样的题目考试又不会出。

**思思**：好，那我就给大家出一些之前考试中出现的作文题目吧。

**图图**：好！考试的题目简单！

**思思**：别太早下结论啊！我们一起看看下面的作文题目。

---

"花中有刺、刺上有花"

"梯子不用时请横着放"

"探索者与蝴蝶"

"剧本修改谁说了算"

"有话则长、无话则短"

"虚拟现实与现实"

"多少分才能得到一个吻"

---

**思思**：现在给大家5分钟时间，要求每个人选择一个题目，然后构思一下如何完成这篇作文，并简单地画出思维导图。没必要画得太认真、太漂

亮，我们只需要形成一个文章的思路。

图图：哇，这太难了！

思思：这可比真实的考试容易多了，至少现在是七选一啊！

图图不高兴地撅起嘴不说话了。

思思：5分钟后每个人都起来说一下自己的构思。计时，开始！

5分钟后。

思思：好了，5分钟到了，不知道大家构思得怎么样了？谁来说一下自己的构思？

没有人举手。

思思：大家都这么没有信心吗？图图，你是这期学员中最棒的，你先来说说吧！

图图：我不说，我还没想好呢！

思思：没想好没关系，你先说说你选择的是哪个题目。

图图：我还没想好呢！

思思：你连选择哪个题目也没想好？不会吧？！

众人笑。

图图：不是啊。我选好了，后来又改了。

思思：没关系，你就来说说你最后选择的就行。

图图：我刚开始选择的是梯子那个题目，后来觉得太难了，我就又改成蝴蝶那个题目了。刚改过来，所以还没想好。

思思："探索者与蝴蝶"，这个题目也很不错啊，那你都想到什么了，你就随便说说吧。

图图：就是一个非常喜欢探险的小男孩在周末约好了几个同学一起到户外捉蝴蝶，最后通过自制的各种工具成功抓到了蝴蝶。就想到了这些。

思思：大家觉得图图的构思怎么样？

众人自发地鼓掌。

思思：我觉得这个构思非常好。他巧妙地把一篇本来是打算讲人生大道

理的文章转化成了一个有趣的故事，就像是"记有意义的一件事"，而且内容也想好了，非常符合他这个年龄段的特点。大家再次掌声鼓励！

众人再次鼓掌，图图同学很不好意思地低下头偷偷地乐。

思思：其他的学员呢？说说你们的构思。

学员1：我选的题目是"虚拟现实与现实"。我的构思是首先写什么叫虚拟现实，然后写它跟现实有什么区别，有什么关系，最后写写如何处理好虚拟现实与现实的关系。暂时想到的就是这些。

思思：非常好！下一个谁来？

学员2：老师我来！我选的题目是"花中有刺，刺上有花"。我的构思是先写几种非常有代表性的花，像月季、玫瑰、刺梅等，因为这几种花都是"花中有刺、刺上有花"的代表。然后写写这样的花为什么特别受人们的喜爱，比如玫瑰就是最受欢迎的花之一，而且代表着爱情，就是因为这种花既美丽、芬芳，又能扎破你的手。最后写写世界上很多的东西都是一把双刃剑，有利也有弊。基本上就这些。

思思：哇！这个也很厉害！下一个谁来？

学员3：我来吧！我选的题目是"多少分才能得到一个吻"。首先引出在孩子的分数和家长和态度之间的关系，列举出不同的家长对待分数时的不同态度。然后剖析影响分数的因素，以及孩子对学习成绩和分数的一些心理反应。接下来剖析家长对待学习成绩和分数的态度，以及出现不同反应的心理动机。最后提出自己的观点，我们作为家长应该如何客观、冷静地对待孩子的分数，正确地引导和帮助孩子更好地成长。

思思：厉害！厉害！大家给点掌声！

……

# 颠覆式写作

**思思**：什么是颠覆式写作？

**图图**：就是颠覆了原来的写作模式。

**思思**：这个我还真没法反驳你。我们前面讨论了高效地写作以及如何更快地形成框架，大家是不是觉得已经能够既快又好地完成一篇作品了？

**图图**：是的。

众人笑。

**思思**：但是在实际写作的过程中，我们仍然有写不下去的情况。特别是写很长的文章或者说写一本书的时候，这种情况是经常出现的。也就是说，虽然我们已经列出了关键字，并且形成了文章完整的框架结构。但是在实际组织语言的时候，还是感觉没有什么可写的东西，感觉大脑里非常空洞，写不出什么东西来。

**维维**：是的，经常会卡在某个地方进行不下去，甚至好几天也写不出来多少东西。

**思思**：确实如此。所以我们这里所说的颠覆式写作，就是要颠覆掉原来的"这种"写作模式。大家知道我这里所说的"这种"写作模式是什么吗？

**维维**：老师，你不会又要我们把刚刚理解的"高效的写作模式"颠覆掉吧？

**思思**：那倒不是。我们这里所要颠覆的，是那种按顺序写作的模式。

**图图**：老师，不按顺序写？难道是从后面朝前倒着写吗？

众人笑。

**思思**：大家不要笑，这是完全可能的。我想经常写文章的人应该有这样的感觉：写作这事儿，不管你是写故事、写感想，还是写方法、写理论，在真正创作的过程多多少少都需要一些灵感的支持。而灵感是什么？灵感不是

我们想用时就能马上出来的东西。在很多的时候，灵感是在我们的大脑中灵光一现的东西，可能真的就像闪电一样一闪而过。抓住了就能顺利地、洋洋洒洒地写上几百字、几千字甚至上万字，抓不住的时候可能生憋硬造也憋不出几个字。

**维维：** 是的，写作这东西确实是需要感觉。

**思思：** 感觉来了的时候不就是抓住了灵感的时候吗？

**维维：** 是的，一个意思。

**思思：** 问题是当灵感死活不出来的时候，我们应该怎么办？

**图图：** 找灵感。

**思思：** 图图同学，怎么找灵感？

**图图：** 不知道，闭上眼睛使劲找呗！

众人笑。

**思思：** 灵感这东西，或者说感觉这东西，不是想找就能找到的。特别是写很长很长的文章的时候，灵感这东西更是飘忽不定。我之所以反复强调这个事儿，就是想让大家真正地理解什么是颠覆式写作。

众人迷惑。

**思思：** 简单地说，颠覆式写作就是不按顺序来写作。

**图图：** 老师你刚才说过了，但我还是没说明白。

**思思：** 比如我们在前一个步骤中，给文章确定了四个大的标题，每个标题中也确定了六七个关键字。其实到这个时候，这篇文章的整体内容已经形成了。这就相当于我们要盖一个大楼，大楼的整体框架已经搭建好了，剩下的就是安装门窗、水电暖的管线等。那我们是不是也要像盖这个框架的时候一样，从一楼开始一层一层地去安装完成呢？

**维维：** 老师我明白了。所谓颠覆式写作，就是打破按顺序写作的习惯，可以从任意一个标题或者段落开始写。

**思思：** 太对了。我们为什么要这样做？不是说按顺序写作不对，如果能按顺序写当然更好，因为这样写出来的文章或者说作品会更连贯，上下文的衔接会更自然、顺畅。但问题是我们经常会在没有灵感的时候卡在某个地方进行不下去。这时候，我们就可以随意地从众多已经确定了框架的段落中找一个有感觉的段落先去完成它。等这个有感觉的段落写完的时候，再回头看之前没感觉的段落，可能灵感就突然间找到了。

**维维**：但这样写出来的文章读起来会不会很不连贯呢？因为等于是写了很多篇完全独立的文章啊？

**思思**：这个担心确实是存在的。我也曾经想过，这样写出来的书读者还能看懂吗？但是等我用这样的方式把每一个模块都写完的时候，发现基本上不会太影响阅读。当然，对每个段落单独完成之后，还要对整篇的文章进行通读，并根据实际情况在段落与段落之间加一些承上启下的文字进行补充。

**维维**：明白了，只要后期再稍作调整修改，就很完美了。

**思思**：是的，这种颠覆式写作模式最大的好处就是大幅提高了我们写作的效率。原本10天完成的工作，可能3天就能完成了。其实并不是你真正的平均效率提高了，而是很好地避免了因为一个地方写不出来而影响了整体进度的问题。

**维维**：老师，这应该叫"化整为零，逐个击破"吧？

**思思**：可以这么形容。其实就是相当于把一篇很长的文章打散，变成了很多篇小短文。比如一篇论文要求写5000字，你化成10个部分，就相当于写10篇400字的小短文。这样不管是从心理上，还是实际的写作效果上，都会感觉舒服了很多。

**图图**：老师不对啊，那这样写出来才4000字啊？

**思思**：图图同学的数学学得不错。这样写出来确实是4000字，我为什么要这样讲，是因为另外的1000字还有其他的作用。大家知道是什么作用吗？

**维维**：是不是刚才讲的"承上启下"时补充用？

**思思**：太对了。后期为了让这10篇400字的短文读起来是一个整体的文章，就必须要用这1000字把它们很好地衔接在一起。只有这样，才是一篇完

美的文章。

**维维**：这个方法确实很好。就单单这一点，我就觉得这个课程学得太值了。

**思思**：是的，关键的还是后期要不断地练习，直到自己习惯了这种模式。

**维维**：以后不会再为写东西发愁了。

**思思**：是的，而且有了这种写作模式，每个人都可以尝试去写一本10万字以上的书了。

**图图**：哇！10万字！

**思思**：10万字是很快的，一旦构思好框架，就可以体验高速写作的快乐了。如果用电脑打字，1小时可以轻松地敲出1500~2000字，这样算下来，60个小时左右就可以轻松地写出一本10万字的书。

**维维**：这听起来确实非常诱人。

**思思**：不过这种方法也有几个弊端。即使大家现在意识不到，我觉得还是直接提出来的好，免得大家以后用错了反过头来骂我。

**图图**：老师，我们都是好孩子，不说脏话，不骂人。

**思思**：没事，我允许你们在心里偷偷骂我。好了，我们现在来说这种写作模式的几个弊端。也不能叫弊端，就是不太适合的几种情况。

---

一、纯文学类作品不太适合这种模式。

二、考试现场要求用笔写在稿纸上的文章不适合这种模式。

三、非常短的百字短文不适合这种模式。

---

**思思**：以上这3种情况还需要我解释一下吗？

**图图**：需要！

众人笑。

**思思**：好，那就请大家认真听好了。纯文学类的作品因为故事情节前后关联太大，而且很多的情节都是在灵光一现的时候迸发出来的。前面的故事情节会对后面的情节有很大的影响。这种模式写出来的文学作品，会给后期的修改带来太大的工作量。除非这个作家的思路相当清晰，在构思之初就把所有的故事情节和细节都考虑好了。

**维维**：老师，曹雪芹的《红楼梦》是不是就用这种方式写出来的？

**思思**：那你得问曹雪芹，这个我真不知道。

**维维**：是不是还得问问高鹗。

众人笑。

**思思**：考试现场因为要求用笔在纸上书写，非常不方便修改。所以为了保证卷面的整洁，也不建议用这种方式。可以考虑在草稿纸上列详细的提纲、框架、关键字，把"写作"变成"造句"来完成，这样就轻松很多。

**图图**：造句我会。

**思思**：其实写作本身就是造句嘛，只是造得句子很多而已。我们再来说第三种情况，为什么很短的文章不适合呢？比如要求文章不超过150字，那一篇文章总共也就十来个句子甚至只有六七个句子。一是完全没有必要用这种方式，二是你真要用了这种方式，就没有多余的字数来作"承上启下"，那写出来的文章就真的有点前言不搭后语了。

**维维**：但这种方法对写长篇的论文确实很有用。

**思思**：是的，包括写书。


## 导图的作用

**思思**：我们前面已经把如何用思维导图来写作学完了。大家有没有感觉思维导图似乎在其中没起到多大的作用？

**众人**：似乎、好像、有点、感觉……

思思：那谁能告诉我，在整个写作的过程中思维导图究竟起到了什么作用？

维维：我感觉思维导图在其中是起到了把握整体结构的作用。

思思：非常对，但是不够具体。是怎么把握整体结构的呢？

维维：在写文章的时候，有了思维导图的指引，写出来的文章结构非常的清晰。比如文章分为几个大的部分或者说分为几个观点，每个观点之间既分类明确又能相互联系。这应该是最有用的一点吧！

思思：非常好。思维导图最基本的作用大家还记得吗？12个字。

众人：明确方向、把握全局、厘清关系。

思思：非常好。大家现在来回想一下，我们用思维导图来帮助写作，是不是正好是严格执行了这12个字。

众人点头。

思思：所以说，如果大家学会了用思维导图来写作。我们写出来的文章会具有下面几个非常明显的特点。

---

一、确保文章的每一部分都会紧扣主题，不会发生跑题的现象。

二、文章结构清晰、层次分明，非常适合阅读。

三、给人非常清晰的思路，便于总结和学习。

四、可以大幅地提高写作的效率。

---

思思：所以，希望大家在以后的写作过程中，学会多用和常用思维导图。一旦掌握了这种方法，我相信大家的写作水平一定会有质的提高，写出来的作品也一定会更加受人喜爱。

---

## 知识点总结

1.思维导图为什么能帮助写作？

答：因为思维导图能打破传统的写作模式，大幅提高写作的效率，避免出现写不下去、闭门造车、憋屈写不出内容等情况。

2. 思维导图写作的核心是什么？

答：思维导图写作的核心是结构化写作理论。即打破顺序写作的限制，从构建内容的框架开始，逐步向下细化，可以不按顺序写。

3. 结构化写作的核心步骤是什么？

答：第一步，根据题目进行发散式思考。第二步，归纳总结，形成文章的目录框架。第三步，整理并细化目录，写出关键词。第四步，随机填充内容。第五步，优化补充。

4. 结构化写作理论对写书和写文章有区别吗？

答：结构化写作更适合写书或者长的论文。因为越长的文章，往往写作的难度越大，越能发挥结构化写作的优势。如果仅仅是写一篇几百字的短文，虽然也可以利用结构化写作，但是其优势并不明显。

5. 在构思阶段没有思路如何解决？

答：先通过思维导图的发散思维对题目进行发散。发散时不考虑发散出来的内容是否有价值，把能发散到的所有关键词全部写下来。发散得越多，后期可用的线索才会越广。发散越大胆，实际写作的时候灵感才能越多。

6. 哪类文章不适合结构化写作？

答：纯文学类作品，如果不是特别有经验的大作家，不适合结构化写作。因为故事情节的发展往往随机性太强，有时候是作者也把控不了的。考试现场作文不适合，因为现场作文稿纸必须要按顺序书写，不过前面的构思过程可以使用思维导图。

7. 不按顺序写出来的内容会不会影响阅读的体验度？

答：不会的。因为整个内容的框架是提前设计好的，在内容方面可以确保其完整和连续。另外在完稿之前还要对各个模块之间增补一些承上启下的文字，来对内容进行过渡和衔接，使文章更加自然流畅。

8. 为什么用思维导图写作可以提高写作的效率？

答：一是用思维导图写作化整为零。不管是几千字的论文还是几万字的书，通过思维导图进行拆解之后，都会变成几百字的小文章，均可利用一些碎片时间来完成。二是打破按顺序写作的模式，不会卡在某个点上停滞不前，大幅提高时间的利用效率。三是彻底改变心态，使写作变得像写小学生作文一样简单、易行。

---

**第七天的作业：**

先尝试用思维导图写一篇千字左右的文章，再尝试用思维导图写一篇 5000 字以上的文章。如果有精力还可以尝试用思维导图写一本书。

# 结束语:
# 你感觉自己学会思维
# 导图了吗?

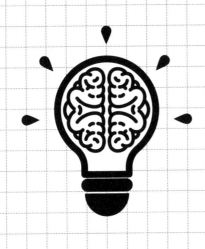

7天的课，一共总结了75个知识。你感觉自己学会了吗？

我觉得够呛！

因为学习思维导图真的不像是学一个定理、一个公式。思维导图压根就不是"学"出来的，应该是"用"出来的。

如果你已经认真地读到了这里，恭喜你！因为至少你对思维导图已经有了一个大概的认识，也基本掌握了用思维导图来解决我们日常工作和学习中的一些问题的方法。

但是思维模式的改变并不是一朝一夕能够完成的，它需很长一段时间的适应、习惯，以至于内化成为自己的一种本能。

正如学习专家钱雷老师所云："导图已死，思维重生。"

那究竟要多久才能达到"思维重生"的境界呢？

## 思维导图使用的几种境界

**初级：手中有图、脑中无图。**

刚开始学习思维导图的时候，大部分人都是处在这个阶段。虽然也能画出思维导图，但是基本是为画图而画图。这时候画图画得很辛苦。所谓辛苦就是主要的精力全用在怎么画图上，而不是如何思考上。

在这个阶段，还无法体会到思维导图的真正好处，而是停留在"如何才能画出这张图"的层次。这时候画思维导图相当于记笔记，只是把大脑思考出来的内容用图的形式记录下来。但整个的思考过程中，我们的思考模式没有发生太大的变化，只是在生搬硬套一些思维导图的理念。

在这个阶段，如果放弃使用，可能真的一辈子也学不会思维导图了。但如果能坚持，慢慢养成习惯，就会逐渐体会到思维导图的神奇功效。

**中级：手中有图、脑中有图。**

一段时间后，你可能开始对思维导图产生了依赖，也就进入了第二个阶段"手中有图，脑中有图"。

这个阶段我们已经能够在画图的过程中思考，借助图来帮助大脑厘清思路。这时候我们画出来的图，条理越来越清晰，思考的内容也越来越全面。大脑的模式在思维导图的引领下正在发生着变化。

这时候我们画出来的思维导图，开始真正地注重思维的描绘，而不再重视图的呈现形式。一种好的思维习惯已经形成：平时写计划用思维导图，作总结用思维导图，开会发言用思维导图，讲课备课用思维导图。思维导图已经开始渗透到生活、工作、学习的方方面面。

**高级：手中无图、脑中有图。**

当我们在若干的领域画了若干的思维导图以后，我们慢慢变得不再喜欢画图了。比如写文稿、作计划，似乎回归到了学习思维导图之前的习惯。

这个阶段已经基本上不再画图了，写文稿直接能列出目录，演讲在大脑中经过简单的梳理就能直接上台。无论思考什么问题，多复杂，似乎都能很快厘清逻辑。

到了这个阶段，只有几种情况可能还会画一画思维导图。一是问题涉及的点太多，为了便于记忆和整理，需要画一张简单的思维导图。但这时候的图已经没有了章法，看上去可能会乱作一团。还有一种情况就是需要给别人讲解或者展示某些内容的时候，需要认真地画一张思维导图。

总之，一旦成了思维导图的高手，思维导图画与不画，它都在那里。哪里？自己的大脑里。这时候就算是到了"导图已死，思维重生"的境界了。

## 1000张图成就一个思维导图大师

如果你觉得自己已经画了很多的思维导图，还是没有感觉。很正常，因为你所谓的"很多"其实还不够多。

可以这么讲：前100张思维导图没有感觉是很正常的。在100张之内，很多人不但不喜欢画思维导图，还会很讨厌画这东西，觉得是在浪费时间、哗众取宠。这都是正常的，也不用为自己有这种想法而觉得内疚。每个思维导图高手都是从这条心路上走过来的，坚持走过了这段路，前面的风景就会变得美好了。

有人说："1000张图成就一个思维导图大师。"这句话是有一定道理的。如果你真的能坚持画1000张思维导图，那可就真的了不起了。这时候，你的思维导图不仅画得整齐、漂亮、逻辑清晰、而且你的大脑也绝对称得上是一个大师级的大脑了。

## 展望未来

把未来说得再美好，

其实没有什么意义。

因为，

思维导图这东西，

谁用，

谁才知道，

它有多好！

# 后 记

　　唠唠叨叨地写了十几万字，不知道你学会了些什么？

　　自己重新通读了一遍书稿，觉得该讲明白的都已经讲明白了，又似乎是什么也没讲明白。

　　这种感觉跟我刚开始学习思维导图时是一样的，似乎什么都听明白了，又似乎什么也不会。

　　我要说，这是正常的。

　　就像一个人学开车，教练能教你的驾驶知识和操作方法可能一个小时不到就讲完了，但要拿到驾照可以独自开车上路还需要足够的练习时间，开车技术的提升，特别是心理层面的提升必须通过真正驾驶量的积累才能完成，特别是独自驾驶的量的积累。当你独自驾驶几千公里以后，才能够慢慢找到那种轻松、自由地驾驶车辆的感觉。

　　在没有几千公里的驾驶经历之前，不管你看多少驾驶的书，听别人讲多少驾驶的经验，也只是似乎听得很明白，又似乎什么也没听懂。这看上去，是不是和我们学思维导图一个道理啊？

　　7天真的可以学会思维导图吗？

　　70天可能也只能掌握一些皮毛。

　　7天真的可以学会思维导图吗？

　　7个小时就足够了。

　　关键是看你怎么理解。如果只是想了解思维导图是什么、可以用来做什么、有哪些好处等理论知识，7个小时都显得多余。如果是想真正掌握思维导图这个工具，为自己的学习、思考服务，那真不是三两个月可以轻松实现的。它需要一段更长时间的练习和应用。

　　所以，我想对各位读者朋友说的是：如果你有幸读到这里，恭喜你！你学习思维导图的路刚刚开始，究竟能走多远，全靠你自己了！

　　最后想说的是，这确实是一本很糙的书。虽然写了十万字，但真正能帮到大家学习思维导图的可能少之又少。本人能力所限，只想给大家一些启发和思考，让大家在学习思维导图的过程有一些参考。

当然，由于水平所限，在书中难免会出现错误和不恰当的地方，还请诸位前辈、同行及广大读者朋友批评指正。

最后感谢我的恩师林约韩老师及记忆宫殿讲师团队的帮助，感谢记忆宫殿的家人们对我的支持和厚爱，感谢赵静博士多年来友情帮我校对书稿，更感谢本书编辑郝珊珊女士对我的信任。有了大家的帮助，这本书才有机会和大家见面。

愿我的努力能给读者朋友带来一些思考和启发，我将深感欣慰，并怀揣一颗感恩的心，继续努力，写出更多好的作品，答谢广大读者朋友。